フロイトと心の劇場

金関猛

目　次

凡例

◇フィッシャー版フロイト全集（Sigmund Freud, *Gesammelte Werke*, Fischer Taschenbuch Verlag, Frankfurt am Main 1999）からの引用に際しては、GW と略記し、巻数と頁数を数字で示し、（ ）で本文中に挿入した。Nachtragsband（補遺巻）は NT と略記した。たとえば、（GW.7.123）はフィッシャー版全集第七巻一二三頁を、（GW.NT.656）は全集補遺巻六五六頁を表す。頁数の後の「f.」はその頁とそれ以下の頁を示す。翻訳は筆者による。

◇ブロイアー／フロイト『ヒステリー研究（*Studien über Hysterie*）』の引用は、ブロイアー／フロイト『ヒステリー研究〈初版〉』（金関猛訳、中央公論新社、二〇一三年）から。引用にあたっては、SH と略記し、頁数を数字で示し、（ ）で本文中に挿入した。

◇フロイト『夢解釈（*Die Traumdeutung*）』の引用は、フロイト『夢解釈〈初版〉（上、下）』（金関猛訳、中央公論新社、二〇一二年）から。一部字句を変えた箇所もある。引用にあたっては、TD と略記し、上巻を1で、下巻を2で示し、その後に頁数を入れ、（ ）で本文中に挿入した。たとえば、（TD.2.212）は『夢解釈〈初版〉（下）』二一二頁を表す。

◇引用文中の［ ］は筆者による挿入である。

◇引用文中における傍点による強調はすべて引用元の原著者によるものである。

はじめに

フロイト(Sigmund Freud 1856-1939)は一八六〇年から一九三八年までウィーンに居住した。三八年のヒトラー・ドイツによるオーストリア併合により、ユダヤ人フロイトはロンドンへの移住を余儀なくされる。ほぼ八〇年を過ごした街を去ったあと、翌三九年、精神分析の創始者は移住先で没した。

ウィーンは、一九一八年の帝国崩壊までオーストリア帝国の帝都であり、政治の中心であったばかりではなく、文化と芸術、とりわけ音楽と演劇に華やぐ街であった。皇帝を頂点とした上流階級の社交界にウィーンの文化は支えられていた。人々は舞踏会を催し、オペラに通い、観劇を楽しんだ。ウィーンは超一流の音楽家、画家、演劇人が集う街でもあった。そうした花の都に暮らしたフロイトであるが、帝都の上流社交界になじむことはなかった。フロイトが生まれたのは、メーレン(モラヴィア)という辺境の地だった。そして、一家は父の事業の失敗を機にウィーンに越してきたのである。極貧とまでは言えないが、けっして豊かな家庭ではなかった。フロイトは、上流階級にも社交界にも縁のない家族環境で育った。

田舎出のユダヤ人であっても、もとよりそれを理由に卑屈になるフロイトではなかった。つねに矜持をもって振る舞い、またその矜持に見合った能力をそなえていることも自覚していた。開業医として診療に携わるかたわら、科学者として業績を積みあげていた。一九〇二年、四六歳のフロイトはウィーン大学教授(員外教授)に任命される。当時のウィーン大学教授、それも医学部教授ともなれば、もはや雲の上の人である。そして、教授就任により、フロイトは大学人として社会的に全幅の認知を得たのだった。しかし、だからといって社交界に出入りし、サロンの常連となることはなかった。社交辞令を振りまき、気の利いたジョークを飛ばすという芸当はできなかった。フロイトは、カウチの陰に身を潜め、そこに横たわる患者の言葉に耳を傾ける。そして、その多くは―もちろんすべてではないが―上流階級の人たちであった。心を病む人々はフロイトを求めた。そしてまた、その大多数は女性だった。女性たちが語ったのは、花の都が強いる窮屈な文化ゆえの受難史だった。フロイトは社交界の寵児にならずとも、その舞台裏の真実を知り抜いていた。

フロイトは「患者から学ぶ」という姿勢を貫き、試行錯誤を繰り返しながら精神分析という無意識の科学を創出する。友人のブロイアー（Josef Breuer 1842-1925）と共著で著した『ヒステリー研究』（一八九五年）に登場するツェツィーリエ・M夫人という患者について、フロイトは、自分の「師匠」だと言えるのはこの人だけだと告白する（フリース（Wilhelm Fließ 1858-1928）宛ての一八九七年二月八日付の手紙）。この患者の本名はアンナ・フォン・リーベン（Anna von Lieben 1847-1900）といい、ウィーンの大富豪の貴族の家に生まれ、同じく大富豪の貴族に嫁いだ女性だった。高い知性と感性に恵まれていたが、おそらくはむしろそのことが発病の一つの条件となって、十代の後半からすでにヒステリー症状が現れていた。当時のウィーンの上流社会では、女性がどれほど才能に恵まれていても、その能力を発揮する場はなかった。原則として女性に大学入学は許されず、上流階級の女性が職業に就くなどありえないことだった。自分の才能を表現する手段は—誇張的に言うと—ヒステリー症状しかなかったのである。

フォン・リーベン夫人の主治医であったのは、もともとブロイアーであったが、一八八七年一〇月頃からフロイトも治療に加わる。当時、フロイトはまだ三一歳だった。精神分析はもちろん、その前身となる精神療法カタルシス法もいまだ編み出されていなかった。フロイトは、その前年に結婚し、開業医として生計を立てていた。ブロイアーがフロイトを治療に引き込んだのは、開業医としての将来の成功を考えれば、上流階級の人々の知遇を得るのが得策であることを知っていたからだ。フロイトは、ブロイアーとともに、往診のためにフォン・リーベン夫人の邸宅を訪れる。そして、この女性を「師匠」として、人間の心について洞察を深める端緒についたのだった。フロイトによれば、フォン・リーベン夫人の「症例はもっとも困難で、また教えられることがもっとも多かったヒステリー症例」（SH.278）であった。そして、フロイトが「象徴化のもっともみごとな例を観察」（SH.278）したのも、この症例だった。象徴化とは、過去のトラウマ的な出来事に際して生じた想念が言語表現を介して身体症状に転換され、言語表現を象徴する症状として表現されるという現象である。わかりやすい例を挙げれば、ある女性患者には歩けないという症状（失歩）があった。フロイトがその女性と対話を重ねて明らかにしたところによると、その症状には、ある出来事に際して、彼女の抱いた、これでは「一歩も前に踏み出せない」（SH.239）という想念がかかわっていた。つまり、彼女はその出来事が起きたとき、「こんなことになってしまったからには、もうこれ以上、一歩も前に進めない」

という想いを抱いたのだが、その言語表現が象徴化によって文字どおり「歩けない」という身体症状として表れていたのである。言い換えれば、想念が台本となり、それに基づいて「歩けない」という演技が—無意識的に—なされていたのだった。そして、フォン・リーベン夫人にはこうした象徴化が「もっともみごと」に現れ出ていた。彼女はまた「もっともみごと」な女優でもあった。

　ヒステリーが演技の病であることについては、本書が進行するなかで論じることにする。前口上にあたるこの「はじめに」では、それにかかわるある「象徴」的な事柄について述べるにとどめておきたい。フォン・リーベン夫人は、フォン・トデスコ家で生まれた。この生家も嫁ぎ先のフォン・リーベン家もユダヤ系であったが、両家ともずば抜けた経済力によって貴族に列せられていた。トデスコ家の住居はトデスコ宮とも呼ばれる豪邸であった。第二次世界大戦で大きな被害を蒙ったが、戦後に再建され、現在はカフェやパーティー会場が入る商業施設になっている。このトデスコ宮が建つのは今も昔もケルトナー通り《シュトラーセ》五一番地、つまりウィーン国立歌劇場の東隣である。これが世界最高級のオペラハウスであることは今さら言うまでもない。そして、結婚後、フォン・リーベン夫人が住んだのは、オポルツァー小路《ガッセ》六番地の豪邸であった。そこから南に一〇〇メートルも離れていないところに、ウィーン最大で最古の、そして、ヨーロッパでも指折りの歴史を誇るブルク劇場が建つ。機知に富み、豊かな教養をそなえ、フロイトも賞賛する詩を書く詩人でもあったフォン・リーベン夫人は、きらびやかな歌劇が上演されるオペラハウスの隣に建つ大邸宅を実家とし、名門劇場の間近で結婚生活を送っていた。

そして、深く心を病んだこの女性は、ヒステリー症状を演じる名優だった。実際、フロイトは彼女を「ぼくのプリマドンナ」（フリース宛ての一八九二年七月一二日付の手紙）と呼ぶのである。演劇の街ウィーンで演技をするのは劇場の舞台上の俳優たちばかりではなかった。

もちろん、フロイトの言葉は比喩にすぎない。オペラハウスや劇場の近隣に暮らしたせいでこの女性がヒステリーとなったのではない。劇場から遠く離れたところにもヒステリー症者は数多くいた。劇場の外で数知れぬ悲喜劇が演じられていた。なかにはもちろん無残な惨劇もあった。そして、そうしたことが起きるのは何もウィーンの街に限ったことではない。本書では以下、フロイトの「舞台上の精神病質の登場人物」という論文を導き手として、精神分析と演劇のかかわりについて、また、人間にとって演劇がいかなる意味をもつのかについて論じ、さらに演劇状況に呪縛される人間について考察していきたい。

では、幕を開くことにする。

第一章　フロイトと演劇

一、「舞台上の精神病質の登場人物」

「舞台上の精神病質の登場人物」と題された小さな論文は、フロイトの唯一の演劇論である。もちろん、フロイトは、様々な著作のなかで、個々の戯曲やまた演劇一般に言及している。しかし、演劇についてまとまった理論的な考察を見ることができるのは、この小論しかない。これは、フロイトの演劇観を探るうえで、また精神分析と演劇のかかわりを考察するうえで、貴重な論文である。ジョーンズ（Ernest Jones 1879-1958）が、そのフロイト伝のなかで、この論文について述べている箇所は、日本語版の『フロイトの生涯』には収められていない。少し長くなるが、次に訳出しておく。

一九〇六年の初頭、フロイトは「舞台上の精神病質の登場人物」というかなり唐突なテーマで、短い論文を書いた。これはドイツ語で出版されたことはない。しかし、フロイトから原稿を贈られたマックス・グラーフがそれを保管していた。そして、これは一九四二年になって英訳で発表された。天才は、この論文のような貴重な成果であっても、噴水のしぶきのごとく、惜しげもなく人に分け与えてしまうものだ。フロイトはこれについて一言も述べたことはなかった。おそらくその存在さえまったく忘れていたのだろう。これは数頁しかない、小さな、しかし思慮にとんだ論文である。ここには、さらに発展させてしかるべき、数多くの考えが含まれている。

フロイトは、ある種の芸術形態が観客に感動を与える条件について、また、それらがいかにしてその目的を達するかということについて、凝縮された文体で論じる。フロイトは、最初に抒情詩に関して、さらに祭儀における舞踊に関して述べる。しかし、彼の主題は、ドラマである。なぜ、肉体的な苦痛が舞台で演じられることはまれであるのに、心の苦悩は大きな役割を演じるのか、その理由が論じられる。その際、反逆という要素の重要性が強調される。ギリシアの宗教劇であれば、反逆は神性そのものに向けられる。そして、社会劇であれば、社会制度に、性格劇においては強力な敵対者に反逆がなされるのである。こうしたところから、さらに純粋な心理劇が生み出される。心理劇では、苦悩を生じせしめる闘争が、主人公の心それ自体の内で、異なる衝動間の闘争として争われるのである。

「愛と義務」とのあいだの葛藤は、ありふれたものだ。しかし、これは、観客の心を惹きつける苦悩が意識的衝動と抑圧された無意識的衝動のあいだの葛藤であるとき、精神病理劇に変わりうる。ハムレットを例に挙げて論じながら、フロイトは、観客がこうしたテーマを受け入れ、享受できるようにするために、あらかじめ満たしておかねばならない三条件を確定する。そのうえで、フロイトは、その少し前に見たヘルマン・バールの芝居では、これらの三条件が満たされていないと批評する。この考察のきっかけとなったのが、バールの芝居であることは明らかだ。(1)

フロイトから原稿を贈られたグラーフ（Max Graf 1873-1958）は、当時、音楽美学者、音楽評論家としてウィーンで活躍していた。グラーフがフロイトと知り合ったのは一九〇〇年のことだ。この頃、グラーフの知り合いの女性がフロイトの治療を受けていた。そして、この女性からフロイトの精神分析療法の話を聞いたグラーフは、それに大きな関心を寄せ、フロイトのもとを訪ねたのである。[(2)] 一九〇二年秋、フロイトが心理学水曜会を発足させると、グラーフはフロイトに出席を誘われ、参加者の一人となった。その後、フロイトは、グラーフの息子の恐怖症の治療にあたり、それについて、一九〇九年、「ある五歳児の恐怖症分析」を発表した。[(3)] この論文の冒頭でフロイトはこう書いている。

本稿は、まだ幼いある患者の疾病とその治癒の経過を記述するものであるが、これは、厳密に言うと、私自身の観察に基づいてはいない。確かに治療計画全般を立てたのは私である。またたった一度だけではあるが、少年とじかに対話もした。しかし、治療そのものを遂行したのは少年の父である。私は、父君が自分のノートを公表を前提として私にゆだねてくれたことに、深甚なる謝意を表明せねばならない。(GW.7.243)

グラーフは、その評論活動を通じて、そして、また同時に、「ハンス少年」の父として、その名を歴史にとどめることになる。グラーフは、「ジークムント・フロイト教授の思い出」のなかで、フロイトが「舞台上の精神病質の登場人物」(以下「精神病質の登場人物」と略記)を書いたのは一九〇四年だと述べている。[(4)] しかし、これは明らかにグラーフの記憶違いだ。ジョーンズの言うように、この論文は、バール(Hermann Bahr 1863-1934)の『別の女』の観劇をきっかけとして執筆されたのである。この芝居が初演されたのは、一九〇五年で、さらに戯曲が単行本としてS・フィッシャー社から刊行されたのは、一九〇六年になってからのことだ。

バールの日記には、一九〇五年一〇月三〇日付で、「『別の女』のリハーサルのためミュンヒェンへ」[(5)]とあり、さらに一一月三日付で、「初演を見に来たウィーンの人たちとともに過ごす」[(6)]と書かれている。そして、翌日一一月四日、この芝居はミュンヒェンで初演された。その後、同月中旬にライプツィヒで公演され、日記によれば、それについて新聞に劇評が載ったという。[(7)]その後、ミュンヒェンにいたバールは、一一月二六日付で「ウィーンでの初演について電報を受け取る」[(8)]と記している。つまり、フロイトが『別の女』を見たのは、ウィーン初演の一九〇五年の一一月末以降のことでしかありえない。したがって、この論文は、観劇直後の一九〇五年末か、あるいは、ジョーンズの言うように一九〇六年の初頭に執筆されたものと考えられる。ジョーンズのフロイト伝第二巻が出版された一九五五年の時点では、バンカー(Henry Alden Bunker 1889-1953)による英訳しか公表されていなかった(『季刊精神分析第一一号』所収)。ドイツ語の原文は、ようやく、一九六二年になって、『ノイエ・ルントシャウ』誌に掲載された。現在、ドイツ語原文は『全集』補遺巻や『研究版著作集(*Studienausgabe*)』第一〇巻等に収められている。

フロイトが、公表する意図もないまま書き上げた原稿をグラーフに贈ったのは、周囲にいた同僚のうちではグラーフがもっとも演劇に近い立場にあったからでもあろう。あるいは、また、それは、この論文執筆のきっかけを与えた『別の女』の作者バールとグラーフとのあいだに交際があったゆえとも考えられる。バールの日記には、一八九六年八月一五日付で、「グラーフの訪問」と書きつけられている。[(9)]同時代のウィーンを生きる劇作家と評論家のあいだに接触があったのは当然のことだ。グラーフとバール、またバールとフロイトの関係については、さらに本章第三節で触れることにする。

この論文が執筆された一九〇五年〜〇六年という時点で、フロイトは、一八九九年一一月に刊行された『夢解釈』以降、単行本だけでも、『日常生活の精神病理』（一九〇四年）、『ジョークとその無意識への関係』（一九〇五年）、『性理論に関する三論文』（一九〇五年）を発表しており、また、一九〇六年の夏頃からは、『W・イェンゼンの《グラディーヴァ》における夢と妄想』（以下『《グラディーヴァ》論』と略記）を執筆し始めた。これは一九〇七年に『応用心理学論集』に発表され、さらに翌年、単行本として出版された。『ジョークとその無意識への関係』と『性理論に関する三論文』とは同時並行で書かれたと言われており[10]、「精神病質の登場人物」は、時期的には、この二つの著作と『《グラディーヴァ》論』のあいだに挟み込まれることになる。しかし、こうした一連の著作のなかに、演劇と直接かかわる論考はない。

ジョーンズの言うとおり、「精神病質の登場人物」は、確かに「思慮にとんだ」論文ではある。しかし、同時に数頁しかない小論であり、委曲を尽くして、十全に展開されたという印象はもちえない。このエッセーには、「さらに発展させてしかるべき、数多くの考えが含まれている」が、フロイト自身、これを執筆したことすら忘れてしまったようだ。その後、これを「発展」させた演劇論が執筆されることはなく、また、そうした論文が企図された形跡もない。相前後して発表された著作にそれにかかわる論考もないのだから、やはり、フロイトにとって、演劇論というテーマ自体、ジョーンズの記すように「唐突」と言わねばならないのかもしれない。

フロイトは、『別の女』の観劇をきっかけとして、それまで演劇について考察してきたことを、一気に書き下ろしてこのエッセーとしたのであろう。グラーフによれば、手稿は四頁からなり、その筆跡には「力強さ、断固たる調子、芸術家としての自由」[11]がみてとれるという。ここには、フロイトの思考がきわめて凝縮した形で呈示されている。このエッセーに秘められた思考の芽は、その後、広範な演劇論として花開くことはなかった。グラーフが述べるように、「フロイトがこの主題に戻ることは一度もなかったからこそ、この論文はとりわけ重要である」[12]と考えることもできる。しかし、また他方、ここで凝縮された思考は、演劇とは直接かかわりのないところで、その発展の土壌を見いだしたようである。本書では、「思慮に富んで」はいるが、いささか舌足らずでもある、この小論文を手がかりとして、フロイト精神分析と演劇について考察する。その前に、まずはフロイト個人にとっての演劇について確認しておこう。

二、フロイトと演劇

ウィーンで暮らすフロイトが演劇を愛好していたことは確かだ。ジョーンズの言うように「芝居を見に行くことが、しばしば食べることより大切であった」ウィーンの街で、フロイトもウィーン人の一人として、「たびたび」劇場を訪れた。[13]ウィーンは、宮廷演劇の系譜をひくブルク劇場を中心とする古典的な演劇の伝統を受け継ぐ街であり、また他方、この街では、一八世紀から一九世紀後半に至るまで、陽気で風刺的な笑劇や妖精劇を上演する民衆劇場が活発な展開を見せた。そうした芝居においては、標準ドイツ語ではなく、ウィーンの民衆の言葉、ウィーン弁が語られていた。演劇は、宮廷人、教養人に独占されていたわけではなく、市民層一般に広く深く根付いていた。一八世紀末から一九世紀の前半、ウィーンでは、ライムント（Ferdinand Raimund 1790-1836）とネストロイ（Johann Nepomuk Nestroy 1801-1862）、またグリルパルツァー（Franz Grillparzer 1791-1872）が生まれた。そして、フロイトの同時代人としては、シュニッツラー（Arthur Schnitzler 1862-1931）やバール、ホフマンスタール（Hugo von Hofmannstahl 1874-1929）がこの街で活躍していた。こうしたウィーンの街はヨーロッパの演劇文化の一つの中心であった。そして、法律家でフロイトの弟子でもあったザクス（Hanns Sachs 1881-1947）がそのフロイト伝で報告するように、当時のウィーンは街全体が「演劇狂」[14]であった。人々の集まる社交の場では、まず、芝居や、また俳優たちのことが必ず話題になった。さらにザクスによれば、それのみならず、ウィーンでは、街角の警官、買い物をする主婦、市電の車掌等々の振る舞いまでもが、実生活の自然な身振りというより、まるで舞台上の俳優の演技であるかのようにすら見えたという。[15]

誰もが与えられるがまま、喜々として自分の役を受け入れていた。そして、人々はその役を生きるというより、それを演じていたのである。ラテンの国々に見られるような激情や熱弁があったわけではない。むしろ人々は登場人物になりきって、機知に富んだ当意即妙の応答を楽しんでいたのである。[16]

つねにウィーンの街に違和感を抱き続けたフロイトが、このような演劇熱に浮かされていたなどとは考えられない。しかし、当時のウィーンでまったく劇場に足を踏み入れずに暮らすとしたら、それ自体よほど困難なことであっただろう。ジョーンズが、フロイトは「たびたび」

芝居を見に行ったと言うのに対し、ザクスは、フロイトが劇場を訪れることは「滅多になかった」としている。[17] どれほどの頻度を「たびたび」とし、あるいは「滅多になかった」とするかは、それぞれの主観にもよるだろう。ザクスの言うのは、ウィーン人の平均からすると、フロイトの観劇の頻度は「まれ」という度合いに入るということであるのかもしれない。ともあれ、フロイトがウィーンの夜を劇場で過ごすことがあったのは事実である。歴史学者で浩瀚なフロイト伝の作者ゲイ（Peter Gay 1923-2015）の言うように、少なくとも、フロイトにとって、演劇が「数少ない気晴らし」[18]であったことは確かだ。しかし、フロイトの演劇への熱狂をはっきりみてとれるのは、むしろ、一八八五年～八六年のパリ留学の際の観劇の体験である。フロイトはサルペトリエル病院のシャルコ（Jean Martin Charcot 1825-1893）のもとへ半年間、留学していた。パリのフロイトは、時間的にも、金銭的にも、まったく余裕はなかったが、「フランス語の授業」[19]と称して、劇場にだけは熱心に通っていた。のちのフロイト夫人で、当時は婚約者であったマルタ・ベルナイス（Martha Bernays 1861-1951）に宛てて、こう書き送っている（一八八五年一〇月一九日付）。

きのう自分が何をしていたのか、もうわかりません。一七日の夜の芝居のせいで、偏頭痛に悩まされていたのです。なにしろ、連中ときたら八時から夜中の一二時まで上演するんですよ！それも、ほとんど耐えきれない暑さのなかでね。僕はヨーンといっしょでした。一番安い席（つまり一番上の席）は、一フランで、僕たちは一フラン半の席でした。天井桟敷の五階の席です。まったくひどい鳩の巣のような桟敷席ですよ。[20]

この夜、天井桟敷で、フロイトは、三本のモリエールの芝居を見た。環境は最悪で、また十分にせりふは聞き取れなかったにもかかわらず、フロイトは、俳優たちの「すばらしい演技を大いに楽しみました」と述べている。(21)とりわけパリ留学中のフロイトに大きな感動を与えたのは、当時のスーパースター、あるいは最後の「聖なる怪物」とも呼ばれた、サラ・ベルナール(Sarah Bernhardt 1844-1923)であった。ベルナールは、一八七四年、ラシーヌの『フェードル』のヒロイン役で成功し、パリで名女優としての人気と評価を獲得した。一八八〇年には、コメディ・フランセーズを退団し、その後は自らの劇団で活動するようになり、八〇年〜八一年の最初のアメリカ巡演によって、世界的な名声を確立した。フロイトの留学当時のベルナールは、まさに円熟期にあったと言ってよいだろう。(22)一八八五年十一月八日付のマルタ宛の手紙によると、フロイトは、その前夜、ポルト・サン＝マルタン劇場を訪れ、今度は二フランを払って、「オーケストラ席」にすわった。ここでは「すばらしくよく見えたし、聞こえた」が、客席はやはり「墓穴のほうがまだ広々して」いた。(23)芝居は、サルドゥー(Victorien Sardou 1831-1908)の『テオドラ』であった。フロイトは、戯曲そのものには感心しなかった。それは、「豪華絢爛な無で、「覚えておきたいと思うような言葉はほとんど一言も」なく、「性格描写は興ざめ」であったとマルタに書き送っている。(24)しかし、フロイトは、ベルナールが登場するや、「黄金の声」と讃えられたその美声に魅了されてしまった。

感情を込めた、快い声で、最初の言葉が言われると、僕には、もうずっと前からこの人のことを知っているような気がしました。この人ほど僕に違和感を感じさせることのなかった女優はこれ

まで見たことがありません。僕はサラの言うすべてをすぐさま信じてしまいました。(25)

芝居が進行するにつれ、さらに、フロイトは、ベルナールの演技に引き込まれていく。

第二場で、簡素な衣装で現れるサラ・ベルナールほどおかしな人物はこれまで一度も見たことがありません。けっして大げさに言っているわけではないのですよ。でも、すぐ笑うのをやめねばなりませんでした。この人物が全身くまなく生き生きしていて、魅惑的だったからです。それから彼女の媚びや懇願や抱擁ときたら…。彼女の取るポーズ、別の人にすがりつく様、四肢とあらゆる関節まで動かす様は、まったく信じられません。驚異的な人です。(26)

「墓穴」のほうがましだという「オーケストラ席に」押し込まれながら、フロイトは、ベルナールの演技に熱中する。後年、フロイトは、「ミケランジェロのモーセ像」（一九一四年）のなかで、「私の内には、合理主義的、あるいは、もしかすると分析的な素質があって、それが、ただ感動しきって、その際、どうして自分が感動し、何が自分を感動させているのかを知らないでいるという事態に、抵抗するのである」(GW.10.172) と書く。しかし、このときはパリの劇場でフロイトも我を忘れてしまったようだ。もちろん、それは俳優の演技とか演出といった演劇そのものへの理解を前提とした熱狂だった。ウィーンの文化人であるなら、そうした教養は身につけていなければならなかったのである。

三、フロイトとウィーンの劇作家

一九一一年五月十二日付のユング (Carl Gustav Jung 1875-1961) 宛の手紙で、フロイトは、

『オイディプス王』の上演を見たと記している。[27] これは、ソポクレスの『オイディプス王』をホフマンスタールが「いくらかの創作的自由をもって」[28] ドイツ語に訳した戯曲を上演したもので、演出は、当時ドイツ語圏でもっとも大きな成功を収めていた舞台監督ラインハルト（Max Reinhardt 1873-1943）が担当した。[29] ユングにはただそれを観劇したと伝えているだけなのだが、その翌日、フロイトに出会ったザクスの報告によれば、フロイトはこの芝居に「まったく感激しきって」[30] いた。しかし、ザクスは続けて、「フロイトに深い印象を与えたのは、俳優の演技でも、演出でもなかった」[31] と述べている。フロイトの興奮の理由は、ソポクレスの戯曲の読書によってはそれまで思い至らなかった点に、この観劇をきっかけにして気がついたというところにあった。しかし、ザクスの叙述を読むと、やはりフロイトは「俳優の演技」や「演出」そのものに感激したわけではないにせよ、当然のことではあるが、観劇を通じて新たな発見をしていたことがわかる。ザクスによるとフロイトは次のように語ったという。

あなたも知っての通り、抑圧された内容は、ほとんど剥き出しの状態で必ず表面に戻ってくる。しかし、その場面と動機のせいで、それが抑圧された内容であるとはわからなくなってしまう（私たちはこれを「抑圧されたものの回帰」と呼んでいる）。さて、オイディプスだが、自分の父を殺すであろうという神託が告げられたことで、彼は非常に深刻な衝撃を受け、そして、劇の経過のなかで、父が死んだことを知る。実際には、それは彼の実の父ではなく、彼を養子にした王なのだが、オイディプスはこの王が自分の父だと思い込んでいるわけだ。そして、父とされる王が死んだという知らせを聞いたとき、オイディプスは、デルフォイの予言の恐るべき重圧から解放される。その知らせに対するオイディプスの反応は、勝ち誇るような歓喜であった。オイディプスが自分の運命を成就するなかでその意図なくして犯す殺人と同じく、父の死への喜びが、ここで明瞭に表現されていることがおわかりになるだろう。(32)

ソポクレスの戯曲の内容については、フロイト自身に語ってもらうのがいちばんよいだろう。『夢解釈』でフロイトは『オイディプス王』の悲劇に至るいきさつとその始まりを次のように要約している。

テーバイの王ライオスとその后イオカステの息子オイディプスは乳飲み子のときに捨てられる。神託が父に向かって、まだ生まれぬ息子はやがて父を殺すであろうと告げたからだ。オイディプスは救われ、異国の宮廷で王の息子として育つ。しかし、自分の出自に気がかりを感じたオイディプスが、自らそれについての神託を求めると、故郷を離れよというお告げを得る。父の殺害者となり、母の夫にならねばならぬからだというのである。そして、自分が故郷だと思っている国を去り、道を歩いていると、ライオス王に出会い、突発した争いのなかで王を打ち殺してしまう。そののち彼はテーバイの門前までやってくる。そこで道をふさぐスフィンクスの謎を解き、そしてテーバイの人々の感謝を受け、王に選ばれ、后としてイオカステを贈られる。オイディプスは長きにわたって平和のうちに威厳をもって統治する。そして、そうとは知らぬままに自らの母とのあいだに二人の息子と二人の娘をもうける。ところがあるとき疫病が突発する。そのせいでテーバイの人々はあらためて神託を求める。ソポクレスの悲劇はこの時点で始まる。使者は、ライオスの殺害者を国から追放すれば疫病はやむという知らせをもたらす。しかし、殺害者はどこにいるのか。

昔の罪の見分けにくい跡はどこに見いだされるのか。（一〇九行）[33]（TD.1.335f.）

そして、ライオスの「殺害者」がオイディプス自身であり、母イオカステを妻としていることが、「緊張が高められ、巧みな引き延ばしがなされるなか」（TD.1.336）で暴き出されていく経過がこの戯曲の内容である。その「巧みな引き延ばし」の一つとして、下手人を捜索するオイディプスのもとに、コリントス王ポリュボスの崩御が伝えられる場面がある。ポリュボスこそが実父であると信じるオイディプスは、自分が手を下すことなく父が病で息を引き取ったことに安堵する。父を殺す運命にあるなどという予言の言葉は「益もなき神託」[34]であった。このことにより、オイディプスは、その場限りのことではあるが、「デルフォイの予言の恐るべき重圧から解放される」のである。しかし、ソポクレスの戯曲そのものから、フロイトがザクスに向かって述べたような「勝ち誇るような歓喜」や「父の死への喜び」という「オイディプスの反応」を読み取ることはむずかしい。観客としてのフロイトがこうした印象をもったのは、その意図をもってラインハルトが演出をし、それに従って俳優がしかるべき演技をしたからだとしか考えられない。そして、さらにその前提となったのは、ホフマンスタールによる翻訳であった。ホフマンスタールは詩人としての「創作的自由」を発揮してこの翻訳に取り組んだのである。ポリュボスの訃報がもたらされたとき、ホフマンスタールはオイディプスにこう言わせている。

おれはここにいて、この剣には手も触れなかった。―父がおれの望みによってお亡くなりになっ

たというのだろうか。もしそうなら、父の死はおれの罪ということにもなるが。(35)

同じ部分の高津春繁訳は次の通り。

そしてこのおれはここにいる、槍には手も触れずと。おれに会いたさに、おなくなりになったとあればだが。もしそうなら、おれが下手人とも言えるであろうが。(36)

ホフマンスタール訳の「父がおれの望みによって亡くなったというのだろうか(Er müßte denn an meinem Wunsch gestorben sein.)」というセリフは明らかに原文から逸脱している。しかし、これは翻訳者の思い違いによる誤訳ではなく、「創作的自由」が発露した結果としての翻訳である。より原文に近い「おれに会いたさに、おなくなりになったとあればだが」という台詞に合わせて、俳優が「勝ち誇るような歓喜」を演じるのは困難だろう。それが自分の「望み(Wunsch＝願望、欲望)」であることを台詞としては打ち消しつつ、しかし、それが成就した喜びを身体的な所作で表すという演出がなされていたにちがいない。フロイトはこの戯曲を知悉していたはずだが、この場面が舞台で演じられるのを見ることによって、新たな認識を得たように思ったのである。『オイディプス王』の観劇によるフロイトの興奮は、確かにフロイトの「合理主義的」で、「分析的な素質」に基づいた感激でもあった。しかし、父が息子の「望み(願望、欲望)」によって死ぬという発想を、ホフマンスタールは明らかにフロイトから得ていたのである。ホフマンスタールはフロイトの著作を読み込み、精神分析には反発を抱きつつも、やはり大きな影響を受けていた。ホフマンスタール訳の『オイディプス王』を観劇して、フロイトは新たな発見をするのだが、いわばフロイトはそこに自らの発見を再発見していたのである。[37] これは、精神分析と文学者の相互関係の例として興味深い。

パリのフロイトが偏頭痛に悩まされながらも劇場に通い、芝居に夢中になったのは、孤独な異境の地で、慣れない習慣に困惑し、金銭的にも困窮する状況にあったからこそだろう。また、ウィーンで日常生活を送るフロイトにとって、オペラも含めて、劇場へ通うことは、「数少ない気晴らし」の域を出るものではなかったのかもしれない。それにしても、ウィーン人としてのフロイトには、俳優の演技を見る確かな目はあった。俳優の演技に興じ、知的な興奮を覚えることはできたのである。「精神病質の登場人物」執筆のきっかけとなったバールの劇も、演劇の愛好家として、ちょっとした気晴らしに見に行ったのだろうか。

バールとフロイトとは知己であった。一九〇二年四月九日付のバールの日記には、「フロイト宛の手紙」[38]と書かれているが、この手紙は残っていない。翌〇三年一〇月二一日付けで「フロイト博士、シュテーケル、八時に銀の泉で」[39]と書かれている。「銀の泉（Zum Silbernen Brunnen）」はよく知られたレストランで、ベルク小路にあった。バールはそこでフロイトとその弟子のシュテーケル（Wilhelm Stekel 1868-1940）と会食したのである。

クラークは、そのフロイト伝のなかで、一九〇二年秋に発足したフロイトの水曜会の出席者として、バールを挙げている。[40] クラークは、バールの名を挙げるのみで、根拠となる資料は示していない。それを確証する文献は筆者には発見できなかった。ただし、グラーフの「フロイト教授の思い出」には、それをほのめかす箇所がある。それによると、フロイトがグラーフに水曜会への出席を誘った際、フロイトは「自分の弟子たちばかりではなく、他の知的活動領域に属する人たち」にも参加を求めたいのだと述べたという。[41] そして、グラーフは、そうしたメンバーの一人として、フロイトがバールの名を挙げたと書いている。[42] クラークの根拠となるのは、もしかするとこうしたグラーフの言葉なのかもしれない。これに対して、ヴォルプスは、バールが、実際に水曜会に参加した証拠はないとして、クラークの説に疑問を呈している。[43] クラークも、バールの水曜会出席の時期、回数等、具体的には何も記してはいない。会のプロトコールが作られ始めたのは、一九〇六年一〇月一〇日以降のことで、少なくとも、そこには、出席者としてのバールの名はない。

バールは、自然主義から、印象主義へ、さらに、表現主義から、晩年には伝統的カトリックへとその立場をめまぐるしく変化させ、後世、カメレオン的といった評価も受けている。しかし、同時代人のグラーフは、バールについて、「ウィーンの現代芸術家のリーダーであり、新たな知的潮流に対して鋭敏な感覚をもっていた」[44] 作家であると称賛している。バールには、心理学への関心が早くからあった。一八九一年の『自然主義の超克』のなかで、すでに、バールは、「私たちには新たなる心理学が必要だ」[45] と書いている。それは、「意識による付加、補遺、あらゆる修正を排除し、感情を意識以前の根源的な現象に還元する」[46] 心理学であった。バールはさらに次のように述べる。

新たなる心理学は、感情の始原的要素を探求する。感情が白昼に噴出する以前の暗黒の領域におけるその始まりを探求するのである。感情のたどる全過程は、長い道のりで、曲がりくねり、もつれて錯綜している。しかし、この過程の終点で、こうした複雑な事実は単純な結末となり、敷居を越えて意識中へと投げ込まれるのである。[47]

バールがこう書いたのは、精神分析の「始まりの書」としての『ヒステリー研究』出版の四年前のことである。そして、「感情の始原的要素を探求」する「新たなる心理学」がまさに精神分析だった。バールは確かに「新たな知的潮流に対して鋭敏な感覚を」そなえた人だった。一八九五年に『ヒステリー研究』が刊行されると、バールはこれを熱心に読み込み、一九〇二年以降、日記のなかで幾度もこの本に言及している。[48] こうした背景を考えれば、バールが水曜会へ出席したとしても、それは自然な成り行きではあった。クラークは、水曜会の出席者の一人としてバールの名を挙げるにすぎず、また浩瀚なフロイト伝を著したジョーンズやゲイもフロイトとバールの個人的なかかわりについては、何も語っていない。バールが会に出席したとしても、発足当初に一度か二度、顔を出したにすぎないのだろう。定期的な参加者ではなかったことは確実だ。ともあれ、バールがシュテーケルとともにフロイトと会食したという事実はあるのだから、二人には面識があった。フロイトが『別の女』という芝居を見ようという気を起こしたのは、心理学にも関心を抱くその作者と顔見知りであったことが、一つのきっかけであったと推測しうる。

フロイトとウィーンの演劇人とのかかわりを考えるとき、もう一人どうしても言及しておかねばならない人物は、シュニッツラーである。フロイトは、一八九九年三月一九日付けのフリース宛の手紙でこう述べている。

最近シュニッツラーの『パラケルスス』を見て、詩人がこうした事柄に関して、どれほど多くのことを知っているかということについて、驚嘆しました。[49]

『パラケルスス』は一幕物の芝居で、一八九九年三月一日、ブルク劇場で初演された。[50]「こうした事柄」が具体的に何を指すのかは、この手紙では触れられていない。しかし、その後、「あるヒステリー分析の断片」(一九〇五年)でフロイトは、「患者を健康にしようとする者は、そのとき強い抵抗に出会って驚いてしまう。その抵抗からは、患者が病気を捨て去ろうと心底から本気で意図しているのではないことがみてとれるのである」[51]と書き、この部分に次のような注をつけている。

作家で、そしてまた医者でもあるアルトゥール・シュニッツラーは、こうした認識を『パラケルスス』できわめて的確に表現している。[52]

患者は疾病利得を手放そうとはせず、だからこそ治療に抵抗するという脈絡において、フロイトはシュニッツラーに言及する。確かに『パラケルスス』には、心因性とおぼしき頭痛を訴える若い娘が、ある種の精神療法家として登場するパラケルススの治療に抵抗する場面がある。気塞ぎに悩むこの女性は「朗らかになんかなりたくない」[53]と言い放って、逃げ出してしまうのである。しかし、それはこの戯曲において、むしろ挿話的な場面でしかない。『パラケルスス』の内容からすると、フロイトがフリース宛の手紙に書いた「驚嘆」は、戯曲の核心的な部分に向けられていたと考えてしかるべきだ。この演劇においてパラケルススは、催眠術を操ることで、人々の心に秘められた想いを明るみに出す。そして、この主人公の語る言葉からは、作者シュニッツラーの無意識への洞察を読み取ることができる。

「あるヒステリー分析の断片」が執筆されたとき、フロイトはまだ精神分析研究のための専門誌をもっていなかった。この論文を最初に掲載したのは『精神医学と神経学のための月刊誌』という精神医学、神経学の専門雑誌であった。もちろん、読者として想定されるのは、その方面の専門家だった。フロイトはこうした専門誌の読者の注目をあえて文学者に向けようとしたのである。フロイトは自ら文学者、劇作家との親和性を感じていた。一九〇七年の『《グラディーヴァ》論』のなかで「詩人は、貴重な同盟者なのである」(GW.7.33) と書くとき、そうした「詩人 (Dichter)」、つまり文芸創作家の一人として、シュニッツラーがフロイトの念頭にあったことに疑いの余地はない。

フロイトとシュニッツラーのあいだには、一九〇六年以降、手紙のやりとりがあった。同じウィーンで生活し、ユダヤ人という出自をもち、ともにウィーン大学医学部で学び、人間の心の深層に関して共通の関心を抱き、さらにフロイトはシュニッツラーの弟とは友人として親しく交際しながら、(54) しかし、ある時期まで二人は互いに顔を合わせることはなかった。後年、フロイトがシュニッツラーの六〇歳の誕生日を祝う手紙で（一九二二年五月一四日付）、自分はシュニッツラーに対して「分身への畏れ」(55) を抱いていたと告白したことはよく知られている。分身《ドッペルゲンガー》に出会った者は死ぬという迷信があり、その畏れゆえに出会いを避けてきたというのである。フロイトとシュニッツラーの関係、とくに『パラケルスス』という戯曲については、第六章であらためて論じることにする。ここでは、フロイトの近辺にシュニッツラーという偉大な劇作家がいたという事実だけを確認するにとどめておきたい。

演劇とオペラの都ウィーンで暮らすフロイトにとって、観劇は少なくとも「気晴らし」ではあった。また、パリのベルナール体験からもうかがえるように、フロイトが確かな鑑賞眼をそなえていたことも明らかだ。そして、活発な活動を展開していたバール、あるいはシュニッツラーという劇作家が周辺にいたのだから、フロイトにとって、「精神病質の登場人物」という演劇論を著す下地は十分に整えられていた。また、それをさらに発展させる素養もそなえていた。しかし、事実として、それを展開する論文が書かれることはなかった。「ミケランジェロのモーセ像」のなかで、フロイトは、自分の芸術的感性について、「芸術作品、とりわけ、文芸作品や彫刻は、私に強力な作用を及ぼす。絵画がそうした作用を及ぼすのは、それよりはまれである」と書き、さらに、音楽を楽しむことは「ほとんどできない」（GW.10.172）と告白している。ここでは、演劇については、言及すらされていない。演劇は、戯曲として広い意味での「文芸作品」のうちに入れられてしまっているのだろう。こうしたことからしても、「精神病質の登場人物」は、フロイトの文献目録のなかでは、ジョーンズの言うように、幾分「唐突」な位置を占めるようだ。しかし、フロイトにとっての演劇は娯楽や気晴らしにはとどまらない。真正面から演劇を論じることはなくとも、演劇は潜在的にフロイトの思索において、重要な位置を占めるのではないか、また、精神分析と演劇のあいだには、ある内在的な関係を見いだすことができるのではないか――。さらにこうした観点から考察を進めることにする。

第二章　カタルシス

一、カタルシス法とその成り立ち

フロイトは、「精神病質の登場人物」を、アリストテレスの引用から書き始める。

> アリストテレス以来、演劇の目的は「畏れと憐れみ」を目覚めさせ、「情動の浄化」を呼び起こすことにあると考えられている。このように考えて、演劇の目指すところについてさらにいくらか詳しく述べると、滑稽なこと、あるいはジョーク等では、普段は多くのそうした源泉をふさいでしまう知性の仕事の内において快の源泉、歓楽の源泉を開くのとちょうど同じように、演劇は、私たちの情動生活の内において快や歓楽の源泉を開くことを目指すと言うことができる。演劇においては、もちろん、まず第一に、自らの情動を鎮まるまで猛り狂わせることが要点となる。そして、そこから帰結する享楽は、一方で、十分な排出によって生じる鎮静に、他方、またたぶん、それと同時に発生する性的興奮に相当するものであろう。(GW.NT.656)

アリストテレスの『詩学』における悲劇のテーゼがこの論文の出発点となる。そして、それは、この論文執筆の直前に出版された『ジョークとその無意識への関係』における考察と結びつけられている。ジョークは言葉の遊びという「知性の仕事」を通じて無意識への回路を開き、それによって快を生み出す。それに対して、演劇の悦びは、何より、「情動生活」にかかわる。「精神病質の登場人物」では、ドラマは、抒情詩や叙事詩、あるいは舞踊よりも「さらにより深く情動の可能性の内へと入り込」(GW.NT.657)むとも言われている。これ自体は、フロイトの独創的な考えではない。すでに啓蒙時代の詩人で劇作家のレッシング(Gotthold Ephraim Lessing 1729-1781)が、「ドラマという形態」は「他のあらゆる[芸術]形態よりもはるかに高い度合いでこうした情念を惹き起こすことができる」[1]と書いている。演劇と情動のかかわりについて考察するフロイトはヨーロッパの伝統の内にいる。そして、さらに「精神病質の登場人物」では、その情動を猛り狂わせ、それを排出することが演劇の目指すところであると規定される。この規定において、フロイトは西欧の伝統からわずかに逸脱しつつある。これを書きつけるとき、フロイトの念頭に、精神分析創出以前の精神療法―カタルシス法が浮かばなかったはずはない。

前章で述べた通り、劇作家バールはブロイアー/フロイト共著の『ヒステリー研究』を詳しく読み込んでいた。その影響下で演劇論を構想するバールは、一九〇三年四月七日の日記に次のように書きつける。

いまやついに『俳優に関する対話』を書き下ろさねばならぬときとなった。そのなかで、私は、フロイトにかかわらせながら、悲劇のカタルシスを、禁じられた情熱の放出という点から説明するつもりだ。[2]

ブロイアー/フロイトの『ヒステリー研究』を高く評価するバールにとって、悲劇のカタルシスと、精神療法としてのカタルシスを結びつけることは、ごく自然な発想であった。まして、『ヒステリー研究』の著者自身にとって、その結びつきは自明のことであったはずだ。

一八九五年に刊行された『ヒステリー研究』は、フロイト研究者グループリヒ=ジミティスが名づけるように「精神分析の始まりの書」である。(3) そのときフロイトは三九歳だった。この書でフロイトは自分の経歴についてこう述べている。

> 私はこれまでずっと精神療法だけに携わってきたわけではない。他の神経病理学者と同じく、私も局所診断や電気予後診断学の教育を受けてきた。（SH.253）

学生時代のフロイトはウィーン大学医学部でヤツメウナギやウナギの神経系の研究ですでに学界で注目される論文を発表していた。その方面で研究者となることを志していたが、経済的にそれはかなわなかった。フロイトはウィーン総合病院で研修医として、外科、精神科、神経科、眼科等で修業を積む。そのかたわら、研究は続けていたが、それはおもに脳解剖学に関する研究だった。一八八五年から翌年にかけて半年間シャルコのもとに留学したのも、そもそも脳解剖学研究のためだった。シャルコは当時もっとも有名な神経学者だったのである。しかし、当時のシャルコはヒステリー研究に熱中していた。サルペトリエール病院でフロイトは、シャルコが催眠術によって人為的にヒステリー症状を生じさせるパフォーマンスを目の当たりにする。シャルコは研究者たちの前で入院中の患者に催眠術をかけ、暗示を与えることによって、ヒステリー発作を惹き起こす様を見せたのである。これにより、フロイトには―催眠術が脳に器質性の損傷をもたらすはずはないので―脳の障害なしにヒステリーが生じること、ヒステリーは―催眠術は心に影響を及ぼすのだから―心の作用によって生じるという印象が刻み込まれる。この体験が、その後のフロイトの進路を決定する要因となる。

ウィーンに戻ったフロイトは八六年の四月に市役所通り《ラートハウス・シュトラーセ》で神経科医院を開業する。しかし、ここでただちに精神分析療法が、あるいはその前身となるカタルシス法が開始されたわけではない。「はじめに」で述べたとおり、ツェツィーリエ・M（アンナ・フォン・リーベン）夫人の診察が始まったのは、一八八七年のことだ。夫人に対しては、催眠法や暗示療法が試みられていた。しかし、治療の方法論は確立していなかった。一時的な成果はあっても、それは長続きはせず、完治はしなかった。こうした治療面での試行錯誤と並行して、フロイトは神経学の研究も継続する。そして、その成果として、一八九一年には最初の著書『失語把握のために―批判的研究』（以下『失語論』）を上梓する。当時は脳科学の黎明期だった。さまざまな失語患者の剖検によって、脳のある特定の領野の損傷と言語障害―発語障害、言語理解障害等―との関係が明らかになりつつあった。逆に言えば、脳のどの領野がどういった機能を司るかがわずかながらもわかってきたのである。フロイトはこうした局在論を踏まえて持論を展開するのだが、同時に、言語運用という高度に心的現象が局在論のみで、それもまだ精密さの欠ける粗雑な局在論で説明することはできないという立場を表明する。『失語論』は、神経学の書であると同時に、また神経学の限界を認識し、そこから離脱しようとする書でもあった。フロイトはしだいに心因性の病としてのヒステリーに関心を向け、その理解を深めていく。フリース宛ての手紙ではツェツィーリエ・M夫人のみを自分の「師匠」と呼ぶのだが、それはほかの患者たちには忘恩的なことでもあろう。多くの患者たちと対話を重ねることで、フロイトはブロイアーとともにカタルシス法という精神療法を編み出していく。

一八九六年の「ヒステリーの病因論のために」において、フロイトははじめて「精神分析

（Psychoanalyse）」という語を用いる。この年、フロイトは四〇歳になっていた。その前年に刊行された『ヒステリー研究』にこの術語はない。しかし、この著作によって精神分析創出に決定的な一歩が踏み出されたことは確かだ。その意味で、『ヒステリー研究』は「精神分析の始まりの書」である。「局所診断や電気予後診断学の教育を受け」、また、そうした医療に携わってきたフロイトは、この本のなかで自らこんな告白をしている。

私の書き記す病歴がまるで短編小説のように読みうること、そして、そこにはいわば厳粛な科学という刻印が欠如していることに私自身、奇異な思いを抱いてしまう。私としては、私の好みでこうした結果となるのではなく、それは明らかに事柄の性質ゆえのことだとして自分を慰めるほかない。局所診断や電気反応はヒステリー研究において何の有効性もない。他方、ほんのわずかな心理学的公式を用いるにしても、一般には文芸作品のなかに見いだしうるような心的事象の詳細な描出を通じて、私にはヒステリーの経過に関するある種の洞察が獲得できるのである。（SH.253）

無数の脳の剖検をし、プレパラートを作製して顕微鏡研究を行ってきたフロイトは、『ヒステリー研究』において明らかに別の道を歩み始めたのである。さらにこれが精神分析へと発展するには、なおも長い道のりがあった。九六年にその術語が用いられたからといって、ただちにこの方法論が確立したわけではない。夢分析なしに精神分析はありえない。また夢の分析はフリースとの文通なしにはなしえなかっただろう。フロイトはこのベルリン在住の友人と頻繁に手紙を交わし、方々の街で二人だけの「会議」を催した。そして、この友人との対話を通じて自己分析を深めていく。フロイトは自らの夢を分析するとともに、患者たちが語る夢を分析する。患者たちは自分の体験について自由連想を通じて語るとき、フロイトに強いられたのではなく、自然と夢について話し出したのである。その成果が、実際には九九年一一月に刊行され、扉には一九〇〇年という刊年が表記された『夢解釈』にまとめられる。分析した患者の夢の数はこの書の初版執筆の時点で「たぶんすでに千を越える」(TD.1.131)という。これによって精神分析は確固たる基盤を得る。フロイトが無意識探求の「王道(via regia)」[4]と呼ぶ夢の解釈によって、精神分析のその後の発展が基礎づけられたのである。『ヒステリー研究』はそうした道のりの始まりにあった。

二、アンナ・O／ベルタ・パッペンハイム

『ヒステリー研究』で開発されたのはカタルシス法と呼ばれる精神療法である。そして、そのカタルシス法の始点となったのはアンナ・Oの症例であった。この患者については『ヒステリー研究』の第二章「病歴」の最初の節でブロイアーが詳述している。アンナ・Oの主治医はフロイトではなくブロイアーである。

フロイトがブロイアーと親しくなったのは、一八八二年の秋頃のようだ。フロイトと婚約者マルタとの往復書簡(『婚約書簡』)にはじめてブロイアーの名前が現れるのが、八二年一〇月一九日付のフロイトの手紙である。そして、それ以降その名前は二人の手紙に頻出する。ブロイアーは同僚たちから一目置かれ、上流階級の人々からも信頼される高名な医師だった。また、

生理学上の重要な発見により医学史に名を残す研究者でもある。フロイトは一四歳年長のこの先輩を深く敬愛していた。しかし、マルタ宛の手紙では、ブロイアーが自らフロイトの「友人」を名乗るので、自分もブロイアーのことをそう呼ばせてもらうと書いている。(5) フロイトがマルタに向かってこの友人の名前をはじめて挙げた八二年一〇月一九日付けの手紙で、フロイトは、ブロイアーが「パッペンハイム嬢のとびきり興味深い話」をしてくれたと書いている。「パッペンハイム嬢」、つまり、ベルタ・パッペンハイム（Bertha Pappenheim 1859-1936）はアンナ・Oの本名である。そして、ベルタはマルタの友人でもあった。(6) 会社勤めをしていたマルタの父が一八七九年にほとんど破産状態で急死したとき、残された一家を援助してくれたのがベルタの父ジークムント・パッペンハイム（Siegmund Pappenheim 1824-1881）で、マルタの後見人でもあった。ベルナイス家もパッペンハイム家もユダヤ人の家系である。後見人となるについては、そうした前提があった。

ブロイアーは一八八〇年一二月から、ほぼ一年半にわたって、ヒステリーを病むベルタの治療にあたり、この症例に強い印象を受けていた。しかし、これについて論文を発表することはなかった。当時、ブロイアーがパッペンハイム家の令嬢の診療をしていることはウィーンの上流社会に知れ渡っていたのである。病歴を表沙汰にすれば、それが誰のことか、たちどころに発覚するのは明らかだった。医師としての守秘義務遵守の観点から、その症例について公表することはできなかったのである。公表するにはほぼ一五年を待たねばならなかった。逆に言えば、『ヒステリー研究』で、カタルシス法についてその成り立ちにまでさかのぼって論じるには、この患者の病歴に立ち返ることがどうしても必要だったのである。
ベルタの父は穀物商会を経営する実業家として成功していた。一家は、一八四〇年代からウィーンに居を構えていた。ブロイアーが往診していたとき、パッペンハイム邸はマリア＝テレージエン通り《シュトラーセ》にあった。その六階建ての建物に二〇〇七年に次のように記した碑が取り付けられた。

この家に一八七八年から一八八一年まで居住した、名高き女性
ベルタ・パッペンハイム（一八五九年〜一九三六年）は、
ウィーン生まれのユダヤ人であり、
社会活動と女性解放運動に熱心に取り組んだパイオニアであるとともに、
ヨーゼフ・ブロイアーの患者アンナ・Oとして、
また"TALKING CURE"の考案者として、
ジークムント・フロイトの精神分析の展開に決定的な影響を及ぼした。

アンナ・Oがベルタ・パッペンハイムであることを明らかにしたのは、ジョーンズである。ジョーンズは一九五三年刊行のフロイト伝にその事実を書く。(7) ベルタは、病気が癒えたあと、フランクフルトに移り、そこを拠点として孤児のための施設を開くなどの慈善活動、社会活動に携わった。一九〇四年には、ユダヤ女性同盟を結成し、その後もユダヤ人の女性運動において指導的な役割を果たした。こうした功績を讃えて、第二次大戦後、ドイツ連邦共和国（旧西ドイツ）では肖像付きの記念切手が発行された。ヒステリーに苦しむ少女アンナ・Oと、ナチ

政権下でもユダヤ人女性のために戦った強靭な精神の持ち主ベルタ・パッペンハイムとを、一人の人物として思い浮かべるのは容易ではない。しかし、それは否定できない事実だ。病気の少女は自らの悲惨に真摯に向き合うだけの力をそなえていた。そして、その力は、病が癒えたのち、他の人々の悲惨との戦いに向けられたのだった。さらに、ベルタは人道主義に基づく活動家であったばかりではなく、碑に刻まれるように、「精神分析の展開に決定的な影響を及ぼした」のである。精神分析の前身はカタルシス法であり、その根幹をなす「talking cure（おしゃべり療法）」を編み出したのはベルタ自身だった。もちろん、それは、ブロイアーとベルタのあいだに深い信頼関係があったからこそなしえたことであった。

ブロイアーが病歴で報告するところによれば、アンナ・O／ベルタは「ひじょうにすぐれた知能、驚くほど鋭敏な総合判断力」（SH.25）に恵まれ、「力強く、強靭で、持続する意志」（SH.26）をそなえた女性であった。しかし、健康であった頃から空想に耽りがちな面もあり、アンナ・O自身、その空想を、自分の「私的劇場」（SH.26）と呼んでいた。一八八〇年の半ば、アンナ・Oが二一歳のとき、「熱烈に愛していた」（SH.26）父が不治の病—「肋膜周囲膿瘍」（SH.27）—にかかる。献身的に父の看病をするあいだに、アンナ・Oにはしだいにヒステリー症状が現れるようになった。その症状は、吐き気、神経性の咳、四肢の麻痺、視力障害、言語障害など多岐にわたった。こうした状況で、ブロイアーはパッペンハイム家に呼ばれ、往診を開始した。アンナ・Oは、毎日一定の時間に、傾眠に陥るのをつねとしていた。ブロイアーは、この状態でアンナ・Oが自分を捉えている空想を語ると、その後、落ち着きを取り戻すことに気がついた。アンナ・Oの傾眠状態はある種の催眠状態であり、彼女はそれと意図することなく催眠状態に入っていたのである。この発見をしたブロイアーは、アンナ・Oに催眠術をかけて、自分の心を圧迫する想念を語らせるという療法を考案した。ブロイアーは催眠法を心得ていたのである。そして、アンナ・Oがそれを語ることによって、症状は一つずつ消失していった。患者の症状は、すべて、父を看病しているあいだの印象深い出来事と関連していた。それらを想起することによって、症状が消えたのである。一時期、ドイツ語が話せないという症状もあったアンナ・Oは、これを英語で、「talking cure」とか「chimney-sweeping（煙突掃除）」と呼んだ(SH.39)。症状は、想起の代理として形成されたものであった。ある深刻な出来事を体験したにもかかわらず、正常な状態ではそれを想起できないという事態がヒステリー発症の条件である。その出来事を催眠状態のなかで幻覚的に体験し直し、それを、そこに結びついた情動とともに想起し、言語で表現することによって、症状は消去された。ブロイアーとフロイトは『ヒステリー研究』の巻頭の章―両者の共著の章―で次のように述べる。

> 誘因となる出来事に関する想い出を完全に明晰なかたちで喚び覚まし、その想い出に随伴する情動をも目覚めさせ、さらには患者が可能な限り詳細にその出来事について物語り、その情動に言葉を与えたとき、個々のヒステリー症状はただちに消失し、二度と回帰することはなかったのである。(SH.6)

抑え込まれ、身体的な症状に転換された情動を、正常な回路へと導いて「言葉を与え」、それによって情動排出を実現するというこの療法を、ブロイアーは、フロイトとともに、カタルシス法と名付けた。アンナ・O／ベルタ・パッペンハイムの症例はカタルシス法の起点であり、フロイトの精神分析創出につながる記念碑的な症例であった。

三、ヤーコプ・ベルナイス

フロイトが後に『自らを語る』で述べるところによれば、カタルシス法という名称を考案したのは、ブロイアーである（GW.14.46）。ふたりの私的な議論のなかで、ブロイアーがこの名称を提案したのだろう。カタルシス法という名称はもちろんアリストテレスの『詩学』に由来する。ブロイアーは、アリストテレスが演劇論において用いるカタルシスという語と精神療法とを結びつけたのである。しかし、これを結びつけたのはブロイアーの独創ではない。他方、アリストテレス解釈の伝統において、この結びつきがつねに自明のものであったのでもない。『詩学』第六章冒頭の悲劇の定義における、アリストテレスの記述そのものの曖昧さもあって、カタルシスに関しては、古来さまざまな解釈が提出されてきた。ルネサンス以降、おおむね支配的であったのは、道徳的・倫理的な観点からのカタルシス解釈であった。たとえば、レッシングは、カタルシスを「情念を道徳的な能力へと変換すること」[(8)]と解釈する。啓蒙主義者にとって、悲劇が演じられる劇場は、観衆の倫理的な修養の場であった。ゲーテ（Johann Wolfgang von Goethe 1749-1832）は、こうした倫理的な悲劇観に反発し、あらゆる芸術は、悲劇を含めて、「道徳性に影響を及ぼすことはできない」[(9)]と論じる。それをなしうるのは、「哲学と宗教」[(10)]に限られるのである。ゲーテにとって、カタルシスは観衆に対する効果ではなく、登場人物の側に生じるものであった。ゲーテによれば、そもそもアリストテレスは悲劇の構成について語っているのである。「あらゆる情熱の平衡」[11]としてのカタルシスをもって、悲劇は終わらねばならないとするのがゲーテの解釈であった。

アリストテレスのカタルシスを医療法と結びつける説は、以前よりミルトン（John Milton 1608-1674）など少数の者によって主張されていた。それがあらためて注目を惹いたのは一九世紀半ばのことである。古典文献学者ヤーコプ・ベルナイス（Jacob Bernays 1824-1881）は、一八五七年の論文「悲劇の作用に関する失われたアリストテレスの論文の概要」で、アリストテレスの父が、マケドニア王の侍医であり、また、アリストテレス自身、若い頃には、自ら医療に携わったこともあったという点に注目して、カタルシスを医療法という側面から解明する。

ヤーコプ・ベルナイスは、フロイト夫人マルタの伯父であった。

ヤーコプ・ベルナイスは、フロイト夫人マルタの祖父で、ハンブルクのユダヤ教会の主教であったイザーク・ベルナイス（Isaak Bernays 1792-1849）の長男として生まれた。次男はミュンヒェン大学教授で、ドイツ文学研究者のミヒャエル（Michael Bernays 1834-1897）、そして、マルタの父ベルマン（Berman Bernays 1826-1879）はその弟である。ヤーコプ・ベルナイスはボン大学に入学し、後にニーチェ（Friedrich Nietzsche 1844-1900）の師ともなるリッチュル（Friedrich Ritschl 1806-1876）のもとで古典文献学を学んだ。フロイトは、一八八二年七月二三日付のマルタ宛の手紙で、ヤーコプ・ベルナイスの名を挙げている。ハンブルクでたまたま言葉を交わした老人が、ヤーコプの幼なじみであったというのである。しかし、ヤーコプが死去したのは、フロイトがマルタと知り合う前の年で、フロイトがヤーコプ・ベルナイスとじかに面識を得た可能性はない。

ヤーコプ・ベルナイスの「悲劇の作用に関する失われたアリストテレスの論文の概要」は、当時すでにひじょうに大きな注目を集めた論文で、今日に至るまで、その価値は保たれている。この論文は、一八八〇年になって、「補遺」とともに『アリストテレスの演劇理論に関する二論文』という著書に収められた。この本の冒頭で、著者自身、一八五七年の論文は、大きな反響を呼び、これに対して数多くの「反論や賛同の書」[(12)]が書かれたと述べている。

ブロイアーはウィーン大学で医学を専攻する前は、同大学で哲学を学んでおり、そうした方面の知識は十分に身につけていた。また、それに限らず幅広い教養をもつ文化人であった。そのブロイアーの友人で、古典文献学を専門とするウィーン大学教授ゴンペルツ（Theodor Gomperz 1832-1912）は、一八八一年のベルナイスの死去に際して、二〇頁に及ぶ追悼文を著している。ゴンペルツはその冒頭で「我らが時代のもっとも個性的な古典文献研究者」[(13)]の死を悼み、さらに、当然のことながら故人のカタルシス論に言及している。それによれば、「アリストテレスの詩学の理解に関する貢献」を通じて、ベルナイスの名は「学者のギルド」の領域を越えて広く知られるようになったという。[(14)]ゴンペルツの友人であるブロイアーがベルナイスの学説を知らないはずはなかったのである。ことさら古典文芸に関心を向ける者でなくとも、当時のウィーンの教養人であれば、当然ベルナイスのカタルシス論を知っているという状況があった。エレンベルガーによれば、ベルナイスがこの論文を発表して以来、カタルシスへの関心が「広い層に湧き起」こり、「カタルシスはある期間、学者たちのあいだでもっとも多く論議されたテーマの一つ」となるとともに、「ウィーンのサロンにおける会話のなかで、はやりの話題」[15]となったという。フロイトもまたゴンペルツとは学生時代から面識があった。そして、ギリシア文化に幅広い知識をもち、また強い関心を寄せるフロイトは、ベルナイスのカタルシス論について、ブロイアーと実りある議論を交わすことができたのである。

当該の論文でベルナイスは、まず、『政治学』においてアリストテレスが娯楽施設としての劇場を構想していることを指摘し、これを論拠としてレッシングに代表される倫理的カタルシス論を批判する。また、ゲーテの説に対しては、芸術と倫理とを分離しようとする立場には賛同しつつも、カタルシスが悲劇の登場人物の側に生じるとする解釈は、文法的な観点から成り立たないとしてこれを退ける。こうした批判を展開しつつ、さらにベルナイスは、『政治学』でアリストテレスがカタルシスと「医学的治療」を同列に置いていることを確認する。そのうえで、ベルナイスは、カタルシスという語が本来「医療的、鎮静的方法によって達せられる、病気の治癒、あるいは緩和」[16]を意味することに注目する。こうした検討に基づき、ベルナイスは『詩学』におけるカタルシスを医学的治療法のメタファーとしてとらえる。そして、その第六章冒頭における悲劇の定義の末尾の部分に次のような翻訳を与えるのである。

Die Tragödie bewirkt durch (Erregung von) Mitleid und Furcht die erleichternde Entladung solcher (mitleidigen und furchtsamen) Gemüthsaffectionen.

悲劇は、憐れみと畏れ（を惹き起こすこと）によって、そのような（憐れみや畏れという）感情的情念の鎮静的放出を実現する。

カタルシスはもはや「浄化（Reinigung）」ではなく、"die erleichternde Entladung"、すなわち、「鎮静的放出」、あるいは「鎮静をもたらす放出」と規定される。身体的な吐瀉、排泄が治療的効果をもたらすように、情念の放出は心の鎮静を可能にする。それが、悲劇を通じて、観客が得る悦びである。

ベルナイスは、さらにこの論文で、悲劇のみならず、魔術的な祭儀が引き起こすカタルシスにも言及している。これに関して、ベルナイスは、新プラトン学派の哲学者イアンブリコス（Iamblichos 250?-325?）の記述を引用する。ファルスの像を立て、猥褻な呪文を唱える秘儀について、イアンブリコスは次のように述べている。

私たちのうちに存する人間一般の情念の力は、それを抑え込もうとすると、よけいに激しさを増す。それに対して、その適量を、短期間、外に出すように誘えば、情念からはほどほどの悦びが生じる。情念は鎮められ、放出され、力を加えずとも自ずから安定する。(17)

ここには、「抑え込」まれて、激しさを増す情念という観点がある。情念は自然に溜まるのではない。それは、抑え込む力を受けるからこそ、鬱積するのである。そして、その「適量」を放出することが、人に安らぎと悦びを与える。

ベルナイスの論じる悲劇のカタルシス、また祭儀において生じるカタルシスは、そのままブロイアー／フロイトの精神療法としてのカタルシスに結びつく。フロイトがのちに簡潔に要約するように、カタルシス法の意図は、「症状の維持のために使われた情動の総量が、間違った道に入り込み、そこでいわば動きがとれなくなっているときに、これを正常な道に導き、そこで排出されるようにする」（GW.14.46f）ことにある。フロイトもまた情動を「量」として捉え、その「排出」が人に鎮静効果を与えるものと考える。そして、「情動の総量」が、「動きがとれなくなって」しまうのは、そこに「抑え込」む力が働くからだ。その力によって、強力な情動をともなう表象が意識から追い出されるのである。右の引用の「排出（Abfuhr）」という語は、ベルナイスがカタルシスに与えた訳語「放出（Entladung）」と同じ意味で用いられている。そして、『ヒステリー研究』においてこの「放出」という語は、まさにベルナイスの言う意味で頻出するのである。

ベルナイスとブロイアー／フロイトは、いずれも、カタルシスを、心の内で抑え込まれて鬱積した情動の放出と捉える。また、さらに、それが「鎮静」的作用をもたらすという点でも両者は一致する。カタルシス法は、アンナ・Oが言う「煙突掃除」としての「Reinigung（浄化・掃除）」ではなく、むしろ、ベルナイスの言う「放出」という性格をもつ。確かに「精神病質の登場人物」の冒頭で、フロイトは「情動の浄化」という言葉を用いている。しかし、続いて言われる「演劇においては、もちろん、まず第一に、自らの情動を鎮まるまで猛り狂わせることが要点となる」という表現が指し示すのは、明らかに「浄化」ではなく、情動放出である。フロイトは「情動の浄化」という人口に膾炙した言い回しを用いたというだけだろう。カタルシス法という精神療法によって実現せねばならなかったのは、「煙突掃除」そのものではなく、また、情動を浄め、高貴な感情に昇華させることでもなかった。カタルシス法が目指したのは、あくまで「掃除」によって可能となる情動の「放出」であった。こうした意味合いでのカタルシスは、もちろん伝統的な倫理的カタルシス解釈から導き出されるものではない。カタルシスを情動の「放出」による鎮静と解釈するベルナイス説によらなければ、ブロイアーの命名が意味をなさないのは言を俟たない。

四、ベルナイスとニーチェ

ベルナイスの「悲劇の作用に関する失われたアリストテレスの論文の概要」は、ニーチェの最初の著書『悲劇の誕生』（一八七二年）に、きわめて大きな影響を与えたことが指摘されている。(18) ニーチェ自身はこの著作のなかで、ベルナイスの名を一度も挙げてはいない。しかし、リッチュルとの関係からすると兄弟子にあたるベルナイスのこの論文を、若い日の古典文献学者ニーチェが知悉していたことに疑いの余地はない。(19)

カタルシスを情動の放出と捉えるベルナイスは、悲劇という「文芸ジャンル」について、次のように述べている。

哲学者が美学理論を案出するよりもはるか以前に、詩人たちにおいて現れ出たギリシアの民の精神は、ある神を寿ぎ崇めるための文芸ジャンルを創出した。この神がはじめて人々に近づいたとき、人々は真の恍惚状態に陥った。それゆえその神には、永久《とわ》に狂乱の祭儀が捧げられることになった。この文芸ジャンルは、対象の欠如したこのような熱狂的な酩酊状態に代えて、世界と人間の運命を描き出すことによって、普遍的な人間的情動の陶酔的な興奮を目指すものであった。

そうすることによって、この文芸ジャンルは、もともとのバッコス的な陶酔を、その間に変化した社会状況のなかで保持すると同時に、洗練したのであった。[20]

先ほどのベルナイスからの引用文で、イアンブリコスは、抑え込むと情念は激しさを増すが、祭儀の場で、「その適量を、短期間、外に出すように誘えば、情念からはほどほどの悦びが生じる」と述べる。そうであるならば、多量の「抑え込まれた」情動を爆発的に放出するとき、そこからは、途方もない悦び、恍惚感、陶酔感が生じるだろう。「狂乱の祭儀」における「バッコス的」陶酔は、爆発的な情動の放出、カタルシスの結果である。そして、ベルナイスは、そのような陶酔的な祭儀に悲劇の根源を見いだす。悲劇という芸術は哲学者の「美学理論」から生まれたのではない。情動を放出する祭儀の場が哲学に先行していた。そして、ベルナイスが言う「ある神」とは、もちろん「バッコス」=ディオニュソスである。このような把握は、ニーチェの『悲劇の誕生』の枠組みを作り出すものと見て差しつかえない。ニーチェにとってもまた、悲劇の根源は、人々を「恍惚状態」に陥れる神に捧げられた「狂乱の祭儀」にあった。そして、ニーチェは、そうした祭儀における「対象の欠如した熱狂的な酩酊状態」を「洗練」する力、あるいは、そのような「バッコス的」=ディオニュソス的陶酔を形象化する力をアポロンに認めたのである。酒神ディオニュソスが人々に陶酔をもたらすのに対し、知性の神アポロンには「世界と人間の運命を描き出す」力がそなわる。ニーチェは「アポロン的なものとディオニュソス的なものとの二重性」[21]に悲劇の誕生を見いだしたのである。

作曲家ヴァーグナー（Richard Wagner 1813-1883）の夫人コジマ（Cosima Wagner 1837-

1930）は一八七二年一二月四日付のニーチェ宛の手紙で、『悲劇の誕生』を読んだベルナイスが、ニーチェの著作には「自分の考察が含まれている、ただ誇張されているだけだ」と語ったと伝えている。(22) コジマの手紙を読んだニーチェは、友人のローデ（Erwin Rohde 1845-1898）に宛てて、不当な言いがかりだとしてベルナイスに対する憤慨を書き送る。一八七二年一二月七日付のローデ宛の手紙で、ニーチェは次のように書く。

最新のニュースは、ヤーコプ・ベルナイスが、あれは自分の考察で、ただひどく誇張されているだけだと決めつけたことだ。この学のある小賢しいユダヤ人ときたら、まったくもって図々しい奴だ。でもこれは、「この国の抜け目のない連中」がもう何か嗅ぎつけたということを示す愉快な印でもある。(23)

確かに、ニーチェは、『悲劇の誕生』において、アリストテレスのカタルシス解釈に関しては、その病理学的解釈についても、また道徳的解釈についても、完全に否定している。

いまだにまだあの非美学的な領域から発する代理的な作用を語ることしか知らず、病理学的＝道徳的過程などはるかに超えたと感じない者は、自分の美学的な天性に絶望するがよいのだ。(24)

ニーチェは、病理学的、あるいは倫理学的観点にこだわる者など、そもそも悲劇という芸術には無縁なのだという。しかし、ニーチェは悲劇の作用としてのカタルシスそのものを否定してはいない。この著書でカタルシスという語は一度しか用いられていないが、その箇所で、ニーチェは「かの病理学的放出、すなわちアリストテレスの言うカタルシス」(25)と書いている。つまり、ニーチェはカタルシスの訳語としてベルナイスの「放出（Entladung）」を受け入れているのである。そして、この著書で、この「放出」という語は多用されている。ニーチェは、悲劇のカタルシスの作用を、ディオニュソス的な音楽的興奮のアポロン的な視覚領域への放出に見いだす。

われわれの音楽的興奮は、アポロン的領域へと、すなわち、あいだに入り込む可視的な中間世界へと放出されうる。そして、まさしくこの放出によって、舞台上の事象という中間世界、つまり、総じてドラマは、悲劇以外のあらゆるアポロン的芸術が達成しがたいほどの度合いで、その内部から可視的なものとなり、理解しうるものとなるのである。(26)

ニーチェがベルナイスと異なるのは、ギリシア悲劇が音楽劇である点を強調することだ。音楽劇としての悲劇において、観客の音楽的興奮は、興奮に襲われた観客と音楽そのものの「中間」に位置する「舞台上の事象」―悲劇を演じる俳優の演技―へと放出され、解消される。対象の欠如した音楽的興奮に襲われ、その興奮が最高度にまで高まるとき、人間は、「あらゆる魂の翼を痙攣的に羽ばたかせながら窒息」し、「たちまち砕け散る」(27)といった状況に置かれる。そうしたとき、アポロンが「医術的な魔術」(28)をもって救済者として立ち現れる。アポロンは、その興奮の対象としての形象を生み出し、それによって音楽的興奮の放出を可能にする。今や砕け散らんとする者は、舞台上で破滅に瀕した登場人物の運命に同一化する。その同一化―感情移入―によって、ドラマは「その内部から可視的なもの」となる。そして、それと同時に、観客は、興奮の放出によって、その破滅的な状況から救い出される。ここに見いだされるのは、やはり、興奮の放出による鎮静効果というカタルシスの作用である。

ニーチェは、悲劇のカタルシスを、あくまで美学的領域に位置づけるのであり、「非美学的な領域」からこれを説明することを拒絶する。しかし、また他方、ニーチェの言う美学は、根源的な「芸術衝動」を基盤とする。それは、狭義の芸術作品のみを対象とする美学ではない。芸術衝動は、あらゆる人間にそなわる根源的な衝動と規定される。それゆえにこそ、「夢の世界を生み出すとき、あらゆる人が完全な芸術家である」[29]とも言われるのである。人間の根本衝動を美学的に性格づけるなら、その美学的衝動自体、病理学的な範疇をも包含することになる。芸術は「医術を心得た魔術師」[30]であり、芸術の神でもあるアポロンは「医術的な魔術」を操る。『悲劇の誕生』においては、「美的現象としてのみ存在と世界は永遠に是認されている」[31]という美の形而上学が構想されるのであり、それは、ベルナイスのカタルシス論とは明らかに次元が異なる。ベルナイスの目には、ショーペンハウアー（Arthur Schopenhauer 1788-1860）の哲学と、ヴァーグナーの楽劇への熱狂から紡ぎ出された『悲劇の誕生』の形而上学は、まさに「誇張」と写るのだろう。そして、後年のニーチェ自身、一八八六年出版の第三版に、「自己批判の試み」と題された序文を付け加え、この書のロマン主義的熱狂、美的形而上学を自ら厳しく批判する。しかし、『悲劇の誕生』の形而上学の基盤となる衝動論は、その後のニーチェ哲学においてさらに発展し、その根幹を形成する。

ディオニュソス的衝動は、アポロンが司る表象を求める。こうしたディオニュソスのアポロンとの結びつきは、未公刊の論文「道徳的な意味を離れたところでの真理と虚偽について」（一八七三年）において、「メタファー形成の衝動」[32]と呼び変えられる。これは、「人間の根本衝動」[33]として、夢というメタファーを、さらに言語というメタファーを形成する衝動である。そして、ディオニュソス的なものが、そもそもショーペンハウアーの「盲目の意志」に由来し、種の保存を支える性の衝動でもあることからすれば、それはまた身体に向かって放出され、症状というメタファーを形作る性衝動でもあろう。ディオニュソスは、その後のニーチェの思惟のなかでさまざまな変容を被りながら、「メタファー形成の衝動」として、また最終的には「力への意志」として、その哲学の中核であり続ける。そして、それは、医師で著述家であったグロデク（Georg Groddeck 1866-1934）を介し、エスと名を変えてフロイトの精神分析に導入され[34]、一九二三年の『自我とエス』以降、精神分析の根本概念を形作ることになる。

ニーチェの哲学とフロイトの精神分析とは、ベルナイスのカタルシス論を始まりの地点として共有する。もちろん、それが唯一の始点というわけではない。しかし、両者にとって、このカタルシス解釈のもつ意味はきわめて大きい。そして、一つの始点を共有するフロイトとニーチェは、それぞれ独自の思想的発展を遂げながら、その過程でふたたびエスという接点を見いだす。両者の出発点には、カタルシスとかかわって、演劇という問題性が横たわる。ニーチェにおいては、ギリシア悲劇に関する考察が、フロイトにおいては、ベルタ／アンナ・Oの言う「私的劇場」に関する考察が、両者を無意識的な心的原動力の発見へと導く。ニーチェにとって、またフロイトにとっても、演劇は単に鑑賞の対象ではなかった。むしろ、両者にとって、人間存在の根源に結びつく問題がそこに秘められていたのである。

五、シャーマニズム

ニーチェがギリシア悲劇の源にディオニュソスの狂乱の祭儀を見いだしたように、演劇の根源には一般に宗教的な祭儀を想定しうる。ベルナイスも、演劇からさらにそうした祭儀にまでさかのぼって、カタルシスを捉える視点を提出する。「抑え込」まれることによって「激しさを増す」「情念」は、ファルスを祀るディオニュソス的な祭儀において、カタルシスを得る。そして、フロイトもまた、「精神病質の登場人物」のなかで、ギリシア悲劇の根源としての「山羊の捧げ物」（GW.NT.657）の儀式に言及している。ギリシア悲劇と生贄の儀式の関係については、後述のとおり、一九一三年の『トーテムとタブー』において、原父殺しとのかかわりのなかで考察されることになる。そして、このような未開社会の祭儀を文化人類学の観点から観察し、そこに、原始的なカタルシス法としての精神療法を見いだしたのは、レヴィ＝ストロース（Claude Levi-Strauss 1908-2009）であった。レヴィ＝ストロースは『構造人類学』の、とりわけ「呪術師とその呪術」、「象徴的効果」と題された章で、これについて考察し、後者の末尾で、シャーマンや呪術師を、精神分析の「偉大な先駆者」[35]と呼んでいる。

呪術師が、その呪術の力を認められた社会において、呪術は現実にその力を発揮し、人を死に追いやり、またその病を癒す。そうした呪術の効果は、「呪術への信仰」[36]を前提とする。つまり、人は、「病気を治したから大呪術師になるのではなく、大呪術師になったから病気をなおす」[37]のである。ある人を大呪術師と認める、集団の世論による認知が先行し、さらに、「自らの術の効験に対する呪術師の信仰」、「彼が手当する患者や、彼が責めさいなむ犠牲者が、呪術師自身の能力に関して抱く信仰」(38)が、相互に作用しながら呪術はその効力を発揮する。レヴィ＝ストロースは「シャーマンは患者を扱いながら、その場にいる人々にある芝居を見せつける」と言い、さらに次のように述べる。

この芝居はつねに、シャーマンによる彼に対してなされた「呼びかけ」、すなわち、彼に、彼がシャーマンたるべき人間であるという啓示をもたらしてくれた最初の発作の反復なのである。しかし芝居という言葉に欺かれてはならない。シャーマンはいくつかの出来事の再生や模倣で満足するのではない。彼はそれを、その激しさ、その独自性、またその荒々しさにおいて、現実にふたたび生きるのだ。そして、治療が終わると彼は正常な状態に帰るのだから、われわれは精神分析から重要な言葉を借りて、彼は消散させるということができる。周知のように精神分析が消散と呼ぶのは、患者が、その障害をきっぱりと克服するに先立って、障害の原因となった最初の状況をふたたび激烈に生きる治療の決定的瞬間のことである。この意味で、シャーマンは職業的消散者である。(39)

この翻訳における「消散」という語の原語はabréactionで、さらにその元となるドイツ語はAbreagierenである。この語は精神分析の術語としては、一般に「消散」ではなく、「除反応」と訳されている。しかし、筆者はあえてその語義を明確化するため「反応による除去」と訳している。レヴィ＝ストロースは、この反応による除去という点において、シャーマニズムを精神分析の先駆と位置づける。反応による除去とは、ある出来事に対して適切な反応がなしえず、それゆえに鬱積してしまった情動のせいで症状が生じているとき、治療の場において過去の出来事を想起させ、あらためて反応を惹き起こし、その反応によって鬱積した情動を除去することである。そこにおいては、「障害の原因となった最初の状況」、トラウマ的な出来事を「再び激烈に生きる」ことによって、その記憶に結びついた情動が解放される。そして、そこから情動の放出、カタルシスが帰結する。シャーマンが治療の場で演じる「芝居」はその最初のヒステリー性の発作の再現である。シャーマンは、再び神の声を聞き、その言葉を伝える者となる。その治療を受ける患者は、神話を体現するシャーマンの「芝居」に同一化することで、患者自身の反応による除去を体験する。器質性の疾患であっても、このような心理的な作用によって、それが快癒することはありえないことではない。そればかりか、呪術は、フロイトの精神分析とは違い、患者に対して即効的な効果を及ぼす。それは、精神分析において、患者自身の想起しえない事態を表現する言葉を、患者自らが探し求めることが要請されるのに対し、シャーマニズムにおいては、シャーマンが患者に「言葉を与える」[40]からだ。患者は自ら理解しえない苦痛に苛まれる。患者はその苦痛を説明できないし、それゆえまた、それを受け入れることができない。シャーマンは、シャーマン自らが信じ、また患者とその社会が信じる神話に訴えかけることで、「すべてが相互に関連しあう全体の中へ」[41]、その苦痛を置き戻す。シャーマンは、患者に、身体的症状というメタファーに代えて、「言葉」というメタファーを与える。患者は自らを苛む、名状しがたい苦痛の正体が、じつは、超自然的な怪物であり、あるいは魔術的な動物であることを知る。日本的なコンテキストで言えば、それは「龍神様の祟り」であるとか、「狐が憑いた」せいだとされるのである。こうした神話的な言語表現の獲得が反応による除去を引き起こす前提となる。ベルナイスの引用するイアンブリコスの言うように、「抑え込」まれて「激しさを増」し、症状へと転換された「情念」は、シャーマンの主催する祭儀の場で放出される。

ベルナイスやニーチェが文献学者として祭儀に見いだした癒しの機能を、レヴィ＝ストロースは観察によって検証し、理論的に裏付ける。レヴィ＝ストロースが「反応による除去を職業とする者」としてのシャーマンに見いだすのは、「転倒」[42]した精神分析家である。精神分析において、患者が話し、分析家は聴くのに対し、シャーマニズムの治療において語るのはシャーマンで、患者はシャーマンの呪文を聴く。レヴィ＝ストロースの「言葉を与える」という表現は『ヒステリー研究』からの引用である（本章四二頁参照）。ただし、カタルシス法では、患者自身が自分の苦しみに「言葉を与える」のに対し、祭儀において患者の苦しみに「言葉を与える」のはシャーマンのほうだという点でも、両者の関係は「転倒」している。さらに、分析家への感情転移は最終的に拒絶されるが、逆に、シャーマニズムにおいては、シャーマンとの同一化が治療の条件となる。また、精神分析においては患者の内で失われた幼年期という個人の神話が再構築される。それに対して、シャーマニズムにおいては共同体の神話が外側から与えられる。こうした転倒にもかかわらず、話し、聴くという関係の中で、感情転移が生じ、神話という過去が再生されるという共通の基盤において、精神分析とシャーマニズムは類縁関係にある。しかし、何よりシャーマニズムには分析と名付けるべきものはない。シャーマニズムと精神分析の類縁性は、その反応による除去の作用、すなわち、カタルシス法に限定されると考えるべきだろう。精神分析は、カタルシス法が自由連想へと発展するなかで創出されるのである。ともあれ、演劇と精神分析の関係を考えるとき、演劇の根源に、カタルシスをもたらすシャーマンの「芝居」があり、また他方、精神分析の前段階にカタルシス法があるとすれば、精神分析と演劇は、またシャーマニズムを介して結びつく。

おそらくどの民族においても、共同体の内部でシャーマンが一定の力をもつ段階があったにちがいない。そして、神々への信仰が薄れ、それとともに神憑りのシャーマンが支配力を失うと、シャーマンの見せつけていた「芝居」はまさに芝居となり、シャーマンは俳優となる。シャーマンを取り囲み、ともにトランスに陥っていた人々の一部は舞台上で俳優を補助する役割を担うようになり、他の大多数の人々は観客として芝居を見物する。おそらくこうした経緯は、多くの民族における演劇の発生に共通していただろう。民族ごとに、あるいはもっと小さな共同体ごとに、それ固有の演劇があるにしても、その根源のところには、人々が神憑りを共有する祭儀の場があったにちがいない。演劇にはその源からしても、それ自体の内に心の癒やしという性格が宿っていると考えてしかるべきだ。

六、サイコドラマ

前節で述べた、演劇に潜在する癒やしの効果を方法論的に治療法へと発展させたのは、モレノ（Jacob Levy Moreno 1889-1974）である。モレノ自身は、自分の出生について、一八九二年、嵐の夜、黒海を航行中の船で生まれたと自伝で語っており、一般にはある時期までこれが認められていた。しかし、モレノは、自己韜晦によって、自らを神秘化する傾向が強く、その生年、出生地も偽っていたようだ。船籍不明の船で、出生届なしで生まれたとすることで、モレノは、自分に無名性、無国籍性が運命づけられたという。[43] しかし、一九八九年に詳細なモレノ伝を出版したマリノーは、モレノの出生証明書を発見し、それによって、モレノは、実際には、一八八九年、ルーマニアのブカレストに生まれたことを明らかにした。[44] モレノ一家はその後ドイツに移住し、さらに、モレノ自身は、一九〇九年にウィーン大学に入学する。モレノは、精神医学を学び、一九一四年頃には、フロイトの講義も受講していた。フロイトは一八八五年から私講師として、一九〇二年からは教授として、ウィーン大学医学部で講義を担当していたのである。もともと神秘主義的傾向の強いモレノは、学生時代には、髭を無造作に伸ばし、大学の構内でも緑色の外套をまとうという風変わりな恰好をしていた。おそらくその奇抜な姿に目を留めたのであろうが、フロイトは、講義を終えると、モレノに何をしているのかと尋ねた。それに対して、モレノは、自ら報告するところによると、こう答えたという。

わたしは、あなたがやめたところから始めます。あなたは人工的なオフィスのなかで人々に会いますが、わたしは街や彼らの家で、彼らの自然な状況の中で会います。あなたは、彼らの夢を分析しますが、わたしは再び夢見る勇気を人々に与えます。わたしは人々に、いかにして神を演じるかを教えます。[45]

フロイトは困惑したような微笑を浮かべて、その場を立ち去ったという。モレノは、その言葉通り、フロイトの影響を拒むかのようにして、独自の道を歩む。ウィーン大学の医学部を卒業し、しばらく医師の仕事に携わるが、それとともに、文芸誌を発行してウィーンの文学者とも交流した。さらに、第一次大戦後、ウィーンで演劇界に入り、俳優、演出家として活動した。しかし、モレノのめざしたのは、単に芸術としての、あるいは娯楽としての演劇ではなかった。一般的な演劇人として成功する意志はなく、実際、彼の演劇が広く注目されることはなかった。演劇はモレノにとって、社会変革のための、そして、心的疾患を治療するための手段であった。即興的に観客を舞台に上げる実験的な演劇を上演したが、それに応じる観客はほとんどいなかった。さまざまな試行錯誤を経て、一九二〇年代に入ると、モレノは、のちにサイコドラマと呼ばれるようになった治療的演劇を開発する。一九二五年にアメリカに移住したモレノは、一九三六年にニューヨーク州ビーコンにサナトリウムを開いた。そして、ここを拠点として、その後も精力的に、サイコドラマを中心とする集団精神治療法を展開した。

サイコドラマの基本は集団療法（グループ・セラピー）である。複数の観客の前で、患者は主役を演じる。患者は患者自身を演じ、過去の出来事を再現する。その際、一人芝居をするのではなく、その集団の内の誰かがその相手役をする。その相手役は、その過去の出来事にかかわっていた親とか配偶者とかを演じる。これは補助自我と呼ばれている。もちろん脚本はなく、基本は即興劇だが、監督はいる。監督を務めるのは治療者―たとえばモレノ自身―で、舞台に立ってその場で指示を与え、過去の再現が適切に行われるようにする。こうして、演技が進行するなかで、役割交換し、たとえば、妻が夫を、夫が妻を演じることもある。あるいは、主役の表現しきれない面を、主役に代わって演じるダブル（分身）が登場することもある。このような演劇はそれを見る観客と共有される。観客たちもまた、心を病む人々であり、主役が自分たちと同質の葛藤をかかえていることを認識する。そうした共感に基づく興奮は、必ずまた演技者にも伝わるものだ。その場の興奮に後押しされて、主役の患者はさらに自分の葛藤の奥深くへ分け入っていく。

　こうした演技によって、患者たちは、葛藤の要因となった現実の過去の出来事を舞台で再び生き直す。それは、単に過去の模倣的再現ではない。サイコドラマにおける舞台空間は、「生そのものによる現実検証（reality test）を越えた生の拡がる場」[46]である。治療的劇場において、空想と現実を区別する現実検証は放棄される。俳優としての患者は、空想の過去、心的現実としての過去を含めた過去の全状況を再体験する。それは、モレノによれば、「過去のシーンの再・上演であり、そのアクティング・アウト」[47]である。そのように身体的、心理的に過去を生きることで、患者は、「現在、自分を苦しめる問題を切り抜け」、「未来に向かって自らを検証」する[48]。サイコドラマは患者に行動を求める（「分析は役に立たない。行動が求められるのだ」[49]）。モレノによれば、まさに行動化（アクティング・アウト）がカタルシスを引き起こし、患者の苦痛の除去を実現するのである。

『ヒステリー研究』で記述されたカタルシス法の要約をあらためて引用する。

　誘因となる出来事に関する想い出を完全に明晰なかたちで喚び覚まし、その想い出に随伴する情動をも目覚めさせ、さらには患者が可能な限り詳細にその出来事について物語り、その情動に言葉を与えたとき、個々のヒステリー症状はただちに消失し、二度と回帰することはなかったのである。

過去のトラウマ的な出来事を明瞭に想起し、その際の「情動をも目覚めさせ」というところまでは、モレノのサイコドラマに一致する。しかし、カタルシス法も、さらにそののちの精神分析も、徹底した言語による治療法であり、その中核には「情動に言葉を与え」ることがある。そして、その対話は分析医と患者という二者のみで成り立つ。患者はソファーに横たわり、身体表現を求められることはない。こうした点は、サイコドラマと対照的だ。モレノの方法は、行動的身体表現を基礎とし、また、集団内における多元的な関係性における治療をめざす。その治療的成果がカタルシスによって得られるというところは、カタルシス法とサイコドラマが一致するところであり、精神分析とは異なるところでもある。精神分析において、カタルシスは不可欠な要素ではあっても、もはや治療の最終目的ではない。

　サイコドラマの舞台に立つ患者には、レヴィ＝ストロースがシャーマンについて言うのと同じことが求められる。すなわち、舞台上の患者は、シャーマンと同じく、「出来事の再生や模倣で満足するのではない。彼はそれを、その激しさ、その独自性、またその荒々しさにおいて、現実にふたたび生きる」のである。現実検証の桎梏を解かれ、空想を現実として行動化する患者には、モレノがフロイトに語ったように、ある種の「神」を演じることが求められるのである。

　フロイトがモレノについて発言したことは一度もなかった。他方、モレノは精神分析に対してつねに否定的な姿勢をとり続けた。しかし、モレノはフロイトの講義を受講しており、またフロイトの弟子であるライク（Theodor Reik 1888-1968）といった人物とも交友関係にあった。また、マリノーによると、モレノの蔵書にはフロイトの著作もあり、多くの書き込みもなされているという。(50) モレノがフロイトの精神分析について、相当の知識をもっていたことは確かだ。そして、その治療的演劇の根底にあるのが、フロイトの初期のカタルシス理論であることに疑いの余地はない。レヴィ＝ストロースが、反応による除去に注目して、シャーマニズムと精神分析の類縁性を見いだしたのと同じ意味で、モレノの心理劇には、カタルシス法からの演劇的治療への発展をみることができる。

すでに本章冒頭で引用したとおり、ドラマは、抒情詩や叙事詩、あるいは舞踊よりも「さらにより深く情動の可能性の内へと入り込」む。それは、ヒステリー性の発作という激しい情動の爆発こそが、演劇の原点であるからだ。そうした狂乱の祭儀が芸術形態へと昇華された後にも、演劇にはその当初の性格が潜在する。言語と身体、さらには音楽という、人間にとってありうる表現手段を総合する演劇は、人々の知覚を刺激し、興奮へと導き、無意識の表出を可能にする。もちろん、前提となるのは、それが人の無意識に訴えかける脚本に基づくことだ。しかし、脚本の黙読と、観劇とでは、受容者の心的状態が異なることは言うまでもない。そして、精神分析の原型と位置付けられるカタルシス法において、演劇の根源としてのシャーマニズムと、演劇療法としてのサイコドラマが交差する。こうした観点から考えるとき、「恐れといたましさ」を呼び起こし、さらに、それによる情動の放出を意図する演劇は、やはり、フロイトとその精神分析にとって、ある重大な位置を占めることになる。フロイトにとって、演劇を考察することは、けっして「唐突」（ジョーンズ）なことではなかったはずだ。他方、ニーチェの最初の著作『悲劇の誕生』とブロイアー／フロイトの精神療法としてのカタルシス法は、ベルナイスのカタルシス解釈を介して結びつく。このことは、ニーチェとフロイトのかかわりを考察する上で、大きな意義をもつことになるだろう。人間存在をめぐる両者の思惟は、その出発点で、演劇というテーマを共有する。

フロイトは、一八八五年〜八六年のパリ留学ののち、ブロイアーとともに催眠術を用いた精神療法を試みる。さらに一八八九年にあらためてフランスのナンシーの医師リエボー（Ambroise-Auguste Liébeault 1823-1904）とベルネーム（Hippolyte Bernheim 1840-1919）のもとを訪れ、本格的に催眠法を学ぶ。それは患者に催眠術をかけ、催眠状態の患者に過去を語らせ、さらに暗示を与えて心因性の症状を消すという療法であった。しかし、催眠暗示法による治療の成果は限定的だった。さらに、フロイトは、催眠状態にならなくとも、患者の抵抗を取り除けば、患者は過去を想起し、語るべきことを語るという発見をする。そして、催眠暗示法を放棄し、患者が語ることに耳を傾けるという姿勢を身につけることで、カタルシス法を開発する。それが精神分析の原型である。さらに自由連想を徹底させる精神分析療法においては、もはや情動放出としてのカタルシスそのものは、治療の最終的な目的とはされなくなる。そこで求められるのは、「徹底操作」において被分析者が自らの葛藤を持続的に洞察し続けることだ。しかし、精神分析療法においても、激しい情動の爆発を伴うカタルシスが、治療の過程において、重要な位置を占めることに変わりはない。治療という側面だけに限って言えば、フロイトも認めるように、たとえば、ジンメル（Ernst Simmel 1882-1947）によるカタルシス療法は、戦争神経症患者の治療において、一定の効果を発揮した（GW.14.47）。また、現代社会においても、原始的なシャーマニズムはいまだに生き続けており、いわゆる心霊療法におけるカタルシスが、実際、ある種の癒しの効果を実現することもありうる。そして、モレノのサイコドラマが様々な場で応用され、治療的成果を上げていることも事実だ。しかし、フロイトの精神分析において重視されるのは、知的分析である。フロイト精神分析が身体運動を取り入れる治療法に発展しなかったのは、そもそもカタルシスが最終目標とされないからだ。治療は情動の爆発で終結するのではなく、患者にはさらに情動をともなう想い出を言語化する仕事が求められる。こうした面で精神分析においては、「精神病質の登場人物」の冒頭で言われる「情動の浄化」が、すなわち、情動の言葉への絶えざる昇華が求められていると考えることもできる。

フロイトは、精神分析を「無意識の科学」と規定する。それは精神療法という面にのみ限定されてはいない。精神分析は無意識を探求する方法でもある。自由連想を基盤として成り立つ無意識の洞察への道が、カタルシス法によって開かれることはない。自由連想を方法とする治療法によって、治療と同時に、無意識の探究が可能となる。カタルシス法を捨て去ることによって、その道が開かれたのである。しかし、また他方、演劇と精神分析のかかわりを考えるとき、その両者を結ぶのは、カタルシスという要素のみにはとどまらない。演劇は、フロイトの思考にさらに奥深く根を下ろしているのである。

第三章　演技と同一化

一、遊びと演技

「精神病質の登場人物」の冒頭でアリストテレスに言及し、カタルシスの作用について論じたあと、フロイトは次のように書く。

子どもが遊び（Spiel）をするとき、大人と同等な者になれるというほのかな期待が満足される。そして、大人にとって、わくわくしながら演劇（Schau-Spiel）を観ることは、子どもにとっての遊びと同じ働きをする。（GW.NT.656）

子どもは、大人か、あるいはそれ以上の者に――一昔前の日本の子どもであれば――ウルトラマンとか仮面ライダーに、あるいは、お母さんや看護婦さんになりきって遊ぶ。「なりきって遊ぶ」とは、自分がたとえばウルトラマンであり、眼前に怪獣がいると空想し、その怪獣と戦う様を身体運動によって表現するということだ。一人遊びのこともあるだろうし、役割交換をしながら、仲間たちと遊ぶこともあるだろう。また、その際には仮面やその他の玩具がなければならない。既製の玩具である必要はない。棒きれが刀となり、布が仮面となる。遊びは空想とその表現によって成り立つ。

子どもの「遊び（Spiel=［英］play）」はそれ自体が「演技（Spiel）」である。一九〇八年の「詩人と空想」でも、フロイトは子どもの遊びと演劇を結びつけて論じている。このエッセーで文芸創作を論じる際に、著者が最初に持ち出すのも、子どもの遊びであり、演劇である。大人になると、人はもはや何者かになりきってごっこ遊びに興じることはない。その代わりに、大人は劇場に足を運ぶ。観客はそこで文芸作家の創作したLust*spiel*（喜劇）やTrauer*spiel*（悲劇）を観覧する。人々は、他人の演技（Spiel＝遊び）を観ること（Schauen）、つまり演劇（Schauspiel）を通じて、子どものときに得たのと同様の快感を得る。大人にとっては、見ることが行為の代替となる。遊ぶ子どもは、「大人と同等の者」として思うがままに行為しようとする。しかし、大人になったところで、誰もが子どもの頃に夢見たスーパーマンになれるわけではない。「精神病質の登場人物」で、フロイトは続けて次のように述べる。

観客はあまりに体験することが少なく、自分を「わが身には何一つ偉大なことが起こらぬ哀れなる者」と感じている。観客は世界の営みの中心に立たんとする野心を長きにわたって抑えつけてこなければならなかった。あるいは、それを先送りにしてこなければならなかったと言ったほうがよいだろう。観客は感じ、作用し、すべてを自分の思うがままに造形せんとする。すなわち、英雄たらんとするのである。そして、劇作家／俳優は、観客を舞台上の英雄と同一化させることで、これをかなえてやる。（GW.NT.656f.）

演劇は、子どもが遊びから得るのと同じ満足を大人に与える。その際、観劇によってそうした快感が得られる前提は、もちろん観客が「わくわくしながら」演技を観ることだ。すなわち、観客が、舞台上の登場人物に感情移入し、同一化し、舞台と観客席が一体化することが観劇の悦びの条件である。「詩人と空想」では、「子どもは、その遊びをたいへん真剣に受けとめており、大量の情動をそれに消費する」（GW.7.214）と言われている。子どもは遊び半分には遊ばない。

子どもは遊戯に熱中する。それと同じく、劇場の観客は登場人物に「大量の情動」を充当する。あるいは、より正確には、観客は自分の内で登場人物の表象を作りだし、その表象に情動充当をしていると言うべきだろう。情動の充当を通じて感情移入による対象との同一化が成立する。それによって舞台と客席は一体化し、演劇は演劇として成功する。

二、ヒステリーと同一化

『夢解釈』で、フロイトがヒステリー症者の同一化について論じている箇所がある。フロイトは次のように言う。

> ヒステリー症状のメカニズムにとって、同一化はきわめて重要な要因であり、これを通じて患者は、自分自身だけではなく、きわめて多くの他の人々の体験をその症状において表現できる。いわば患者は、一群の人々全員のために苦しみ、ある一つの芝居におけるすべての役を自分自身の演技だけで演じることができるのである。（TD.1.191）

「パラノイアは分割し、ヒステリーは圧縮する」[(1)]―フロイトは「シュレーバー症例論」でこう定式化する。『夢解釈』に記されるヒステリー症者の「演技」はこの定式の後半部の証しでもある。ヒステリー症者は感情移入による同一化によって、自らの苦しみのみならず、多数の人々の苦しみを「圧縮」し、自らの「演技」によって表現する。

『夢解釈』刊行の十数年後に出版された『トーテムとタブー』で、フロイトはギリシア悲劇の誕生に論及する。「精神病質の登場人物」にもすでに「神々への儀式における生け贄の行為（山羊の捧げ物、スケープゴート）からドラマが発生した」（GW.NT.657）という発想が見られるが、『トーテムとタブー』では、それがさらに展開されている。この著書でフロイトは次のように述べる。

同じ名で呼ばれ、同じ衣装をまとう一団の人々がある一人の者を取り囲む。その人々は皆この一人の男の語りと行為に自らを託している。（GW.9.187）

ここで言う「一群の人々」はコロスであり、その人々に取りまかれて、ただ一人の俳優―プロタゴニスト（主役／シテ）―が演技をする。悲劇の原型において、演技する者はただ一人に限られていた。そして、プロタゴニストが分裂する形で、第二、第三の演技者が登場し、人物間の葛藤が表現されるようになった。それは、原初の祭儀が演劇化していく過程でもある。あるいは、ニーチェの観点で言えば、陶酔的な悲劇が、ソクラテスに感化されたエウリピデスの対話劇に堕落していく過程でもあろう。

悲劇は、その原型において、コロスとプロタゴニストのみで成り立っていた。そして、そのとき、プロタゴニストの「語りと行為」に複数の人々が「自らを託」していた。すなわち、逆に言えば、プロタゴニストは、『夢解釈』におけるヒステリー患者と同じく、まさに「一群の人々全員のために苦しみ、ある一つの芝居におけるすべての役を自分自身の演技だけで演じ」ていたのである。『夢解釈』のヒステリー性同一化の考察は『トーテムとタブー』の演劇論に直結する。悲劇の根源において、主役は生け贄として屠られた者を演じる。その周りを取り囲む「一群の人々」はそれを屠った者たちとしてそこに立つ。唯一の演技者は生け贄となった者の苦しみを演じるのと同時に、それを屠った罪人たちの苦悩をも演じる。悲劇の根源は原父殺しの贖罪の儀式であった。そして、フロイトはそこにヒステリー性の同一化を想定する。

『夢解釈』でこの種の同一化について考察する際、フロイトは、「ある特殊な痙攣を起こす女性患者が他の患者たちといっしょの部屋に入院している」（TD.1.192）という状況をひとつの事例として取り上げる。そうした際、同室の別の患者たちが、その女性患者に生じた「特殊な痙攣」を模倣するということがよく起きるという。それを目撃した担当医は、たいていはそれを「心的感染症」と名づけるだけで満足し、それ以上、症状の伝染について追究しようとはしない。それに対してフロイトは、この心的現象についてこう述べる。

この心的感染症はおおよそ次のように進行する。医師が個々の患者のことを知っているよりも、患者たちは、通常、互いのことをもっとよく知っているものだ。そして、医師の回診が終わると、患者たちは互いのことを気遣い合う。きょうある女性が発作を起こしたということが話題になると、その原因は家族からの手紙にあるとか、恋愛の悩みが新たによみがえったせいだとか、そういったようなことはすぐに他の患者たちに知れ渡る。そして、患者たちの共感がかきたてられる。その共感は次のような推論がなされるなかで成立するが、その推論は彼女らの内で意識には達しない。すなわち、「そんなことが原因で、あんな発作が起きるのなら、私にだってそういう発作が起きるかもしれない。同じきっかけは私にもあるのだから」という推論である。（TD.1.192）

ある患者は別の患者に「共感」し、発作の「きっかけ」を共有する。そのようにして起きた「麻痺」症状によって、患者は自らの苦しみと他者の苦しみを同時に表現する。患者は他者の「麻痺」を表面的に模倣するのではない。患者は、発作の「きっかけ」を認識し、さらにその「きっかけ」を共有しうることを洞察し、そのようにして、いわば心を一つにするという同一化に基づいて、「発作」という身体表現を成立させる。そして、フロイトは、先ほどの『夢解釈』からの引用（本章六九頁）に見られるとおり、同一化に基づく症状を「芝居」であり、「演技」であるとさえ言う。これはまるで演劇学校の教師が、新人に向かって言う演技指導の言葉であるかのようだ。たとえば、こんなふうに言う指導者もいるだろう。

表面的に登場人物をなぞるような演技をしてはならない。その心を理解し、内面的にその人物になりきることによって、真の演技が成立する。

これは、筆者の考える一般論にすぎず、特定の演技指導者の言葉の引用ではない。しかし、程度の差はあれ、おおよそこうした演技上の原則に基づいて演劇が―少なくとも二〇世紀以降の一般的な演劇が―成り立っているのではないか。俳優の登場人物への感情移入が演劇一般の起点である。

もちろん同一化を表現するヒステリー発作と演劇における演技とがまったく同じであるはずはない。ヒステリー症者にあっては、フロイトの書くように、「共感」に至る「推論」は「意識には達しない」のである。それに対して、俳優は台本を研究し、登場人物の心を意識的に「推論」する。その過程を経て、感情移入が生じ、同一化が成立する。そして、同一化に基づいた演技を創造するために、俳優術があり、演技指導がある。そのようにして作り出される俳優の身体運動や発声はあくまで意識された演技表現であり、芸術的創造である。それは、病的発作には似ても似つかない。他方、病的発作はけっして美的ではありえず、当然のことながら鑑賞対象にはなりえない。それどころか、当人も周囲の者もそれにおおいに苦しめられているのである。しかし、それでもヒステリー症状は、確かに「意識には達しない」空想であるにせよ、空想を身体的に表現するという点では、ある種の演技でありうる。フロイトは「ヒステリー性の空想とその両性具有への関係」（一九〇八年）のなかで、ヒステリー症者の空想について次のように述べる。

空想には、意識的な空想と並んで、また無意識的な空想もある。これについては観察からして疑念の余地はない。そして、意識的な空想が無意識的な空想となるや、それは病理的なものとなりうる。すなわち、それらは症状や発作として表現されうるのである。（GW.7.192）

フロイトの把握によれば、ヒステリー症者はその「症状や発作」によって、「無意識的な空想」を「表現」する俳優である。とはいえ、ヒステリーはあくまで病気なのであり、心を入れ替えるようになだめすかせば、それでその心因性の病が癒え、演技がやめられるというものではない。それは人に演技を強いる病気なのである。「あるヒステリー分析の断片」（一九〇五年）には次のような記述がある。

脚が麻痺して寝たきりになっている女性が、部屋で火事が起きれば、飛び起きるというのはほんとうだ。また、甘やかされた人妻が、子どもが命にかかわる病気になるとか、あるいは、破局的な出来事によって自分の家族の状況が脅かされるとなると、自分の患いのことなどすべて忘れてしまうというのもまたそのとおりだ。(2)

フロイトによれば、これは「無教育な身内の者や付添婦が口にする、ひじょうに乱暴で陳腐な判断」[3]なのだが、ある一点を除けば、その判断は正しいという。それは、ヒステリー症者自身は演技していることを知らず、症状は無意識の演技だという一点である。

麻痺や痙攣といったヒステリー症状を見せたところで、それを目にした人々は拒絶的な反応を示すだけだ。その症状は無意識的な想念を表現するといっても、しかし、いったいそれが何を表現するのか、当人は知らず、それを見る者もただ見ただけでは理解できない。それに対して、舞台上の俳優が無意識的に演技することは例外的な瞬間に限られるだろう。また、俳優の演技が観客にとっていっさい理解不能であれば、それは演技として失敗している。しかし、その反面、俳優と登場人物との真の同一化を可能とするのは、登場人物の心の無意識にまで達する洞察であろう。また、俳優の演技が観客の無意識に訴えかけ、その共感を得るときにこそ、それは深みのある演技として成功するのではないか。あるいは、少なくとも、無意識にまで達する共感なしに、観客の「情動を鎮まるまで猛り狂わせる」(「精神病質の登場人物」)ような演劇は成立しない。ここでは、ヒステリーと演劇を並列的に論じているが、しかし、それはけっして演劇を貶めることにはならない。むしろ、ヒステリーの心的メカニズムが演劇成立の要件であり、そのことによって、舞台は無意識表出の場となりうる。

三、ヒステリー症状と演技

フロイトは、子どもの空想とその空想を表現する身体運動、つまり、子どもの遊びに関する考察を演劇に結びつける。大人になっても、人は空想をやめはしないが、しかし、一般には大人がそれを身体運動で表現することはない。他方、そうした身体表現をやめようにもやめられないのがヒステリー症者であり、あえてやめようとしないのが俳優たちだ。俳優が多数の人々の観覧に供するのは、厳粛な遊びとしての演技である。実際、アメリカ人の女優で演劇学校の教師でもあったハーゲン（Uta Hagen 1919-2004）は、その著書のなかで「ごっこ遊びのように空想の世界を信じる喜び」[(4)]が演技の根源であると述べる。そうした幼児性はヒステリーにも共通する。ヒステリー症者は─意識的に「喜び」を感じてはいないにしても─無意識的な空想の中で別の誰かになりきっている。『夢解釈』でフロイトの述べるように「ヒステリー症状のメカニズムにとって、同一化はきわめて重要な要因」であり、ヒステリー症状の伝染、集団ヒステリーといった場合にのみ、同一化が認められるのではない。フロイトは、症状形成一般に同一化が作用すると言うのである。たとえば、ブロイアーの患者アンナ・O／ベルタ・パッペンハイムの症状を考えてみよう。アンナ・Oには「水が飲めない」というヒステリー症状があった。アンナ・Oは、夏の猛暑の折、水を欲しがりはするのだが、どうしても飲めないので、果物を食べて喉の渇きを癒やしていた。ブロイアーは『ヒステリー研究』で次のように報告する。

アンナ・Oは

水の入ったグラスを手に取るのだが、それが唇に触れるや、恐水症者のようにグラスを押しのけるのだった。その際、彼女は明らかにその数秒間、放心状態にあった。(SH.45)

この症状が続いているときに、アンナ・Oは、催眠下でブロイアーに向かって自分の嫌う女性家庭教師のことを話し始めた。アンナ・Oは催眠術をかけずとも、ひとりでに催眠状態に入り、その状態でさまざまな事柄について話をしたのである。何がきっかけとなってその家庭教師のことが話題になったのかはわからない。アンナ・Oによると、あるとき、その家庭教師の部屋に入っていくと、先生はおらず、犬がいて、その「気持ちの悪いけだものが、グラスから水を飲んでいた」(SH.45)というのである。このことは「ぶしつけになってはいけない」(SH.45)ので誰にも言ったことはなかった。そして、家庭教師に対する「溜まっていた怒り」(SH.45)をぶちまけながらこの出来事について語り終えると、アンナ・Oは、勢いよく水を飲んだ。そして、この症状は二度と戻ってこなかったという。これはカタルシス法を編み出すきっかけともなった出来事であった。ブロイアー自身、これにはおおいに驚かされたという。ブロイアーは、「犬が水を飲んでいるのを見た」というきっかけが、いかにして「水が飲めない」という症状を惹き起こしたのかは説明していない。しかし、そこにも同一化のメカニズムが関与していたはずだ。

水の入ったグラスが自分の「唇に触れ」て、「数秒間、放心状態」にあったとき、明らかにアンナ・Oはグラスから水を飲む犬のことを想起していたのである。そして、その光景そのものに嫌悪感を感じるとともに、勝手に人の部屋に入って見てはならぬものを見たことに後ろめたさを感じたのだろう。だからこそ、そのことは口に出せなかったのである。さらに、家庭教師の女性があとでそのグラスを使うだろう、あるいは、その女性が犬の飲み残した水を飲むかもしれないと空想したにちがいない。アンナ・Oはその出来事を見たときの気持ち悪さゆえに「水が飲めない」のであり、他方、「水が飲めない」のは「ぶしつけ」なことをした自分への懲罰でもあった。また、それとともに家庭教師と同一化したアンナ・Oは、家庭教師として「飲み残しの水」が飲めないのである。そして、アンナ・Oは、酷暑のなかで水を飲まないことによって、自分が同一化した家庭教師に水を飲ませず、そのようにして自分の嫌悪する女性に報復していたと考えられる。さらに、犬と同一化したアンナ・Oは、躾のよい犬として人間のグラスから水を飲むという無作法はしないのである。ここでもまた、ヒステリー症状は同一化を介した演技であった。

四、スタニスラフスキー・システムとリー・ストラスバークのメソッド

俳優の演技術において、俳優が登場人物の内面を洞察し、その人物と同一化してその「役を生きる」[5]ことが演劇の理想とされるようになったのは、ロシアの俳優で演出家スタニスラフスキー（Konstantin Sergejewitsch Stanislawski 1863-1938）以降のことだろう。スタニスラフスキーは帝政ロシアのモスクワで裕福な家庭に生まれ、幼い頃から演劇に親しんでいた。成人するとロシア音楽協会やモスクワ音楽院の理事を務め、そのかたわら一八九八年まではアマチュア劇団で俳優、演出家として活動していた。その年にスタニスラフスキーはネミロヴィチ＝ダンチェンコ（Wladimir Iwanowitsch Nemirowitsch-Dantschenko 1858-1943）とともにモスクワ芸術座を結成する。そして、それ以降、この劇団で、俳優として舞台に立つとともに、演出家として活動し、また、演技指導者として後進の養成に尽力した。スタニスラフスキーが創造しよ

うとしたのは、それ以前に主流をなしていた様式的、誇張的な演技を排除し、人間の内面をリアルに表現する演劇だった。その俳優術はスタニスラフスキー・システムとして現在も世界的に広く知られている。モスクワ芸術座はとりわけチェーホフの戯曲の上演で大きな成功を収め、国際的な名声を得た。そして、スタニスラフスキーはロシア革命以降も困難な状況下で演劇活動に専心する。モスクワ芸術座も存続し、ソビエト連邦における演劇の中核をなしていた。一九三〇年代になると、ソ連では、スタニスラフスキー・システムに依拠するとされる演劇がいわば国家公認となる。そうした社会主義リアリズム演劇は、もともとスタニスラフスキーが目指していた芸術とは縁遠いものだっただろう。国民的演劇人として、党と国家によって称揚される一方、一九二八年に心臓病で倒れたのちは、もはや舞台に立つことはなかった。むしろ、そのことが幸いして、スターリン（Joseph Stalin 1878-1953）による粛清を免れたと言えるのかもしれない。そして、その演技訓練法がスタニスラフスキー・システムとして世界に伝播したのは、皮肉なことに、それがハリウッドの映画産業における俳優養成に応用されたからだ。

モスクワ芸術座は一九二三年にアメリカ合衆国で公演を行い、大成功を収める。その演劇は多くの観客を魅了したばかりではなく、当時のアメリカの演劇人に強い印象を刻んだ。ベネディティは『スタニスラフスキー伝』でこう述べる。

芸術座が演劇人に与えた影響はひじょうに大きかった。一九二三年の一月から二月にかけてのわずか数週間のあいだに種がまかれ、その種はやがてアメリカにおける新しい演技へのアプローチという成果をもたらすことになった。(6)

こうしたなかで、元モスクワ芸術座の俳優で、すでにニューヨークに居住していたボレスラフスキー（Richard Boleslawski 1889-1937）が、公演をきっかけにアメリカの若い演劇人にスタニスラフスキー・システムによる俳優術を教え始めた。ボレスラフスキーは、実験劇場という劇団を創設し、ここで俳優訓練を始めたのである。ボレスラフスキーに学んだ演劇人のうちで、その後の演劇界、映画界においてもっとも大きな役割を果たしたのは、おそらくストラスバーグ（Lee Strasberg 1901-1982）だろう。ストラスバーグはモスクワ芸術座の公演を見て、スタニスラフスキーの演技に大きな衝撃を受けたという。(7) そして、ボレスラフスキーのもとでスタニスラフスキー・システムを身につけたのち、一九三一年に仲間とともにグループ・シアターという劇団を設立した。この劇団でストラスバーグは演出や俳優の訓練を担当していた。さらに四七年にカザン（Elia Kazan 1909-2003）、クロフォード（Cheryl Crawford 1902-1986）、ルイス（Robert Lewis 1909-1997）がアクターズ・スタジオを開設すると、翌年、ストラスバーグはこの演劇学校の芸術監督に就任し、俳優の養成に力を尽くした。その演技訓練の方法はスタニスラフスキーに由来するもので、「メソッド」と呼ばれた。そして、その指導のもと、アクターズ・スタジオからはブランド（Marlon Brando 1924-2004）、ディーン（James Dean 1931-1955）、モンロー（Marilyn Monroe 1926-1962）をはじめ、数多くのスターが輩出した。

五、メソッドと感情記憶

ストラスバーグが著書の『パッションの夢』で強調するのは、とりわけスタニスラフスキーの心理主義的な側面である。それは、ボレスラフスキーによるスタニスラフスキー・システム理解の影響でもあった。スタニスラフスキー伝の著者ベネディティによれば、ボレスラフスキーは、その師の心理主義的な側面を重視することにより、すでに「本来のスタニスラフスキーの訓練方法をのり越えた技術を開発していた」[8]のだった。そのボレスラフスキーの教えを受けたストラスバーグは、スタニスラフスキーがフランスの心理学者リボー(Théodule-Armand Ribot 1839-1916)の考察を演技術に取り入れていたことを指摘する。リボーはフランスにおける実験心理学の草分けで、コレージュ・ド・フランスの教授であった。シャルコともかかわりがあり、サルペトリエール病院におけるシャルコと催眠状態のヒステリー女性患者を描く有名な絵(一八八七年、ブルイエ(André Brouillet 1857-1914)作)には、参観者の一人としてリボーの姿がある。ベネディティも伝記で述べているとおり、スタニスラフスキーはそのリボーの著書のロシア語訳を読んでいた。そして、ストラスバーグは、俳優がいかにして「感情を表現しうる」かという課題を「演技の中心的問題」[9]として把握し、スタニスラフスキーやリボーの考察を応用しながら、この「中心的問題」を解決しようとしたのである。

ストラスバーグは『パッションの夢』でリボーの『感情の心理学』の英訳から次の箇所を引用する。

以前に体験した感情は、それらを呼び起こすであろうような現実の出来事とはかかわりなく、自発的に、あるいは意のままに意識によみがえらせることができるのだろうか。[10]

この著書で、リボーはけっして演劇を念頭に置いて「感情記憶」について論じているのではない。しかし、ストラスバーグは、スタニスラフスキーに倣って、リボーの言う「感情記憶」を演技法に結びつけようとする。俳優が過去の「現実の出来事」が起きたときに感じた感情を「現実の出来事とはかかわりなく」舞台上で―あるいはカメラを前にして―再生できれば、それは真の感情を表現するすぐれた演技となるだろう。しかし、それは可能なのだろうか。ストラスバーグは、続けてこのように書く。

リボーは感情記憶の存在を疑問視することはけっしてなかった。彼が問うたのは、ただそれらがどの範囲で意のままによみがえらせることができるかということだけだったのである。[11]

つまり、かつてある体験にともなって感じた感情が記憶として保存されていることに疑いの余地はないにせよ、ストラスバーグがリボーの問いを受けてさらに問おうとするのは、俳優が記憶中の感情を意図するがままに「よみがえらせることができるか」どうか、そして、演技に役立つような程度でそれができるのかという点だった。ストラスバーグは、スタニスラフスキーと同じく、俳優が登場人物を演じる際に、登場人物の感情を自分の感情として表現することを求める。そして、スタニスラフスキーはすでにそれを実践していた。たとえば、自伝のなかで、スタニスラフスキーは、イプセン（Henrik Ibsen 1828-1906）の『民衆の敵』の主人公ストックマンを演じたとき、「役のなかに置きいれた感覚は現実の記憶から取られていた」[12]と述べ、さらに次のように書く。

役を演ずるさい、舞台上で、この現実の記憶が無意識のうちに私を導き、いつも私を創造の仕事にかり立てていたのである。[13]

すなわち、俳優が、登場人物の置かれたのと同じか、あるいはそれに似た状況を体験したことがあるとすれば、そのときの感情を俳優が想起し、それを思いのままに再現できれば、それは真に迫る、生き生きとした演技となるにちがいない。しかし、観客の鑑賞を前提とした演技である以上、俳優には時間をかけて過去の場面を思い返し、想い出にふけり、そのうえでようやくその感情を再生させて、演技をするという余裕はない。必要な際に即刻、まさに「意のままに」それをよみがえらせて、声と所作で表現せねばならない。リボーは「感情的情動の再生において特徴的なのは、その展開が遅く、時間がかかるということだ」[14]と述べる。実際、通常の人間が日常生活を営むなかでは、確かにリボーの言うとおりなのだろう。これに対して、ストラスバーグはこう述べる。

私は、十分な訓練を積んだのちには、一分もあればそれを想起できるという発見をした。[15]

ストラスバーグが開発したメソッドという演技訓練法は、「十分な訓練」によって、過去の感情を即座に想起し、それを再生させる方法である。過去の一場面をそれにともなう感情とともに想起させ、それを表現させる方法―ここに限れば、メソッドは、ブロイアー／フロイトのカタルシス法に一致する。もちろん、カタルシス法は粘り強く患者を情動放出へと導くのであり、「一分」でそれができるように求めるわけではない。また、前述のとおり、患者の語りや所作は美的鑑賞に値するものではない。また逆に、俳優は治療を求めるヒステリー患者ではない。しかし、これまで論じてきたとおり、ヒステリー症状と演劇における演技のあいだには、ある種の並行性が認められるのだから、ヒステリーの治療法と演技訓練法に通底するところがあっても不思議はない。ストラスバーグ自身、そのことは半ば意識していて、その訓練術は「素人分析、『低級《チープな》』精神医学」[16]という非難を受けることもあると書いている。メソッドはいわば深刻なヒステリー症状の認められない者に施されるカタルシス法である。

六、メソッドとカタルシス法

ある感情をすみやかに記憶から引き出し、その感情とともに生きた演技をするためには、心身のリラックスが必要だというのがストラスバーグの主張だった。感情の通路から障害物を取り除くには、前もって―アンナ・Oの言い回しを借りると―「煙突掃除」をせねばならない。そして、それを実現するためのメソッドは、実際、カタルシス法に似ている。たとえば、アクターズ・スタジオで働いていたある女優は、「首の後ろのところをリラックスさせること」[17]に困難があった。ストラスバーグは、「神経や筋肉をリラックスさせる」[18]ために、頭を後ろにそらす姿勢をとらせる。すると女優は幼い頃からそういう姿勢をとることができなかったのだと言う。そこでストラスバーグが「その頃に何かあったのか」[19]と尋ねると、女優はこんなことを語り出した。

彼女は姉といっしょに寝ていたのだと言った。そして、まだ自分は小さくて、寝相が悪かったのだという。すると、姉が、静かに寝てないと殺してやるわよ、と脅したのである。[20]

このことがきっかけとなって、体がこわばるようになったのだという。その後、医者にかかったが、治療の成果はなかった。しかし、メソッドによって、はじめてそのこわばりが解けたのである。この女優は、過去のトラウマ的な出来事を想起し、それを語り、そして、そのことによって、こわばりという心因性の症状が解消したのだから、ストラスバーグはそれと気づかぬままに―あるいは、半ば意識して―カタルシス法を実践していたのだった。両者の対照性は、カタルシス法があくまで症状の消失を目指すのに対し、メソッドが俳優において症状を除去したうえで、「生きた演技」といういわば人工的なヒステリー症状を新たに生じさせようとするところにある。

ヒステリー症者は、無意識的に過去の出来事を想起し、他者と同一化して、それを症状として身体的に表現する。そして、その治療法としてのカタルシス法は、患者にトラウマ的な出来事を想起させ、情動放出によって症状を解消しようとする。それに対し、メソッドは、いわば、ヒステリー症状形成の心的メカニズムとその治療法の両者を組み合わせた演技訓練法である。ストラスバーグの訓練により、俳優は脚本中の登場人物が抱くのと同じ感情を自分の内ですみやかに生じさせ、登場人物に同一化する。俳優は登場人物の体験を自らの体験として所作と声によって再現する。そうした演技は、生きた演技として、観客に訴えかけ、観客の内に同様の感情を呼び起こす。そして、観客は感情移入を通じて、登場人物になりきった俳優に同一化する。劇場には同じ感情を抱く人々の興奮が充満する。それが演劇の成功であり、その成功の鍵を握るのが、生きた演技である。

ハーゲンは、俳優は「役を生きる」ことによって、「人間の行動の真実を発見しようと」[21]試みねばならないと述べる。確かに、それがすぐれた俳優なのだろう。しかし、俳優の仕事が演技である以上、完全に役になりきることはありえない。演技はあくまで演技であり、現実ではない。ハムレットを演じる俳優が、ハムレットの死を演じても、けっして自ら死ぬことはない。ゴッホが自ら耳を切り落とす場面で、どんな名優であれ、そのふりはしても、実際に行為に及ぶことはない。遊びに夢中になる子どもも遊びと現実を取り違えることはない。フロイトが書くとおり、「どれほどの情動を充当していても、子どもはその遊びの世界を現実からちゃんと区別している」（GW.7.214）のである。「ハリー・ポッターごっこ」をしている子どもが箒に乗って実際に窓から飛び出すことはない。そして、それが演技の原理である。演技者と登場人物のあいだには、つねに距離が内在する。そこにもまたヒステリー症状と俳優の演技との同質性を認めることができる。

七、「私的劇場」

アンナ・O／ベルタ・パッペンハイムは、空想に耽りがちな少女で、ヒステリー発症以前から、自分の空想のことを「私的劇場」と呼んでいた。ブロイアーは、その空想癖について、それ自体に何らの異常性もないとしながらも、そこにヒステリーの症状形成の「基盤」（SH.56）を見いだしている。ブロイアーは、ヒステリーにおいて、「常習的な夢想」が「幻覚をともなう放心状態」（SH.56）に転化すると言う。「第二状態（condition seconde）」（SH.56）と呼ばれるヒステリー性の放心状態で、アンナ・Oは、症状としての無意識的な空想、すなわち、もはや自ら抑制しえない様々な幻覚、幻影に襲われていた。しかし、彼女は、こうしたなかで「ひじょうに悪い状態にあっても、どこか自分の脳の片隅に鋭く冷静な観察者がすわっていて、狂気じみた騒ぎを見つめていたことが、つねにとまでは言えないまでも、少なくとも頻繁にあった」と語ったという。そして、症状が治まったのちには「自分はぜんぜん病気ではなかった、全部仮病でしかなかった」(SH.62)とまで言ったのである。こうしたことについて、ブロイアーは「精神病が支配する間にも、明晰な思考が存続していた」[22](SH.62)と述べる。アンナ・Oもまた俳優であった。そして、ブロイアーによれば、それはこの患者の特殊性ではなく、「似通ったことは、周知のとおり、他の症例でも観察されている」(SH.62)という。ヒステリー状況のただなかで、なおも「私的劇場」は開演し、その舞台を見つめる者がいた。

こうしたブロイアーの観察はそのままフロイトに受け継がれる。『ヒステリー研究』の刊行からほぼ四〇年を経た一九三三年に執筆が開始され、没後に公表された「精神分析概論」でフロイトはこう述べている。

たとえば幻覚性の錯乱(アメンティア)は外界の現実から遠く離れてしまった状態だ。ところが、のちに回復した患者たちが私たちに告げるところによれば、そうした状態にあったときでさえ、心のどこか片隅に、彼らの表現を借りると、正常な人物がずっと身を潜め、中立的な観察者として、病気から生み出される妖怪の行列が通り過ぎていくのを見ていたというのである。(GW.17.132)

ここにブロイアーへの言及はない。最晩年のフロイトがブロイアーの文章を意識的に想起していたのかどうかは定かではない。しかし、この記述に、ブロイアーを介したアンナ・Oの言葉が直接的に反映する。ブロイアーはヒステリーについて語るのに対し、ここでフロイトはアメンティアについて語っている。アメンティアは器質性の疾患に伴って生じることの多い意識障害である。そうした深刻な事態でも、やはり幻覚を幻覚として認識する「中立的な観察者」がいて、「妖怪の行列」を見物しているのだという。最晩年に至るまで、フロイトは、人間の心を劇場として把握していた。人間の心のある局面において、自我は観客席に追いやられる。自我は心の劇場の舞台を見物する観客となる。そのことがヒステリー状態や他の幻覚性錯乱状態で顕在化する。しかし、正常な状態であっても、心という劇場において自我が主役を演じることはないというのがフロイトの基本的な認識だった。

第四章　演劇的幻想

一、演劇的幻想とパラノイア的妄想

ブルック（Peter Brook 1925-）は、『空っぽの空間』の冒頭、こう書いている。

> どんな空っぽの空間でも、それを裸の舞台と呼ぶことができる。この空っぽの空間を男が一人歩いて横切り、そしてそれを誰かが見ているとする。演劇行為が成り立つのにそれ以上のものはいらない。(1)

演劇を成り立たせるには、道具も、スポットライトも、特別な舞台や舞台を隠す幕、あるいは開幕を知らせるブザーもいらない。空っぽの空間を誰かが横切り、それを別の者が見ているだけで、その状況は演劇でありうる。ブルックはそう書くのだが、しかし、そこにはある前提が抜け落ちている。渡辺守章が述べるように、演劇であるためには、歩く者も、それを見ている者も、その歩みが虚構の行為であることを了解していなければならない。

> もしそこで「見せられている者」が「本当に飢えた人間」であって、しかもそれを黙って「見ている人」がいたならば問題であろうし、逆に「飢えた演技」に対して「パンを差し出した」ならば、それは滑稽だろう。つまり、現実の時空の内部に、生身の人間の行為を通して、ある種の虚構的な時空が出現することが必要なのだ。これが演劇的幻想であり、この演劇に固有の幻想が成立するためには、それを共有する「演じる者」と「見る者」が不可欠なのである。(2)

「演劇的幻想」なしに演劇は成立しない。そして、幻想には、二つの面がある。つまり、ある事象がほんとうの出来事であるというような現実感をそなえているということ、そして、にもかかわらず、それを見る者が、それが現実ではないと認識しているという二面である。ある出来事が現実感を帯びるのは、その出来事の知覚像に、あるいはその知覚像によって惹起された表象に情動が充当されるからだ。劇場に座る観客が、俳優の演技に夢中になり、舞台上の出来事に「わくわく」することが幻想成立の一方の条件である。他方、演劇の観客は、それが芝居でしかないことを知っていなければ、幻想は成立せず、演劇は成り立たない。「精神病質の登場人物」で、フロイトは、「劇作家／俳優は、観客を舞台上の英雄と同一化させることで」、英雄たらんとする観客の欲望をかなえてやると述べたあと、続けて次のように書く。

> 作家／俳優はその際、観客にまたあることを免除してやる。というのは観客は、そのように自分自身が英雄として活躍するときには、享楽を打ち消しかねないような苦痛や苦悩、そして深刻な憂慮が必ず生じることを知っているからだ。観客はまた、自分にはひとつの人生しかなく、もしかすると、反乱者とのあるひとつの闘いにおいて、自分が死んでしまうかもしれないことも知っている。それゆえ、観客の享楽は、幻想を前提とする。すなわち、まず第一に、舞台上で、行為し、苦しむのは、ある他者であることが保証され、第二には、それがなんと言っても演技にすぎず、観客の安全に害は生じないと保証されることによって、苦悩が軽減されることが前提となるのである。（GW.NT.657）

フロイトも感情移入による舞台上の登場人物との同一化を演劇成立の条件とする一方で、他方、その同一化が「幻想」でしかないという「前提」を強調する。我を忘れた観客が悪役を倒すために舞台に駆け上がれば、演劇は破綻する。このことは、さらに、観客と舞台上の俳優との関係のみならず、舞台上の俳優と俳優の演じる登場人物の間の関係にもあてはまる。演技者が役を演じるとき、演技者は、情動の充当、感情移入によって、その役と同一化する。この同一化によって、観客の俳優＝登場人物への同一化が可能となる。しかし、同時にまた、俳優はその同一化が現実ではないことを認識している。俳優もまた「一つの人生」しかなく、主人公の死とともに自分が死んでしまうわけではないことを明確に自覚している。すでに、前章で引用したとおり、「どれほどの情動を充当していても、子どもはその遊びの世界を現実からちゃんと区別している」のと同じく、俳優が俳優自身という現実と、登場人物という演技の所産を混同することはない。観客においても、俳優においても、アンナ・Oの言う「鋭く冷静な観察者」の存在なしに演劇は成立しない。ブルックに倣って、ミニマル演劇を表現すれば、情動の充当を受けた表象の運動があり、そして、それを見る「鋭く冷静な観察者」がいれば、演劇は成り立つ、少なくとも「私的劇場」は成立すると言うことができるだろう。

数知れぬ幻覚に襲われるパラノイア患者シュレーバー（Daniel Paul Schreber 1842-1911）においては、「鋭く冷静な観察者」はもはや存在せず、「私的劇場」はすでに閉鎖されていた。幻覚のただ中で生きるシュレーバーから幻想は追放されている。シュレーバーは、『ある神経病者の回想録』（以下、『回想録』と略記）の著者として知られる人物である。その著書についてフロイトは一九一一年「自伝的に記述されたパラノイア（妄想性痴呆）の一症例に関する精神分析的考察」を発表する。そして、その後、ラカン（Jacques Lacan 1901-1981）、ドゥルーズ

（Gilles Deleuze 1925-1995）、ガタリ（Félix Guattari 1930-1992）、カネッティ（Elias Canetti 1905-1994）といった人々の考察の対象とされてきた。『回想録』は、精神分析研究の参考文献にはとどまらない、それ自体の価値を有する著書である。

　シュレーバーの父は高名な医師で、教育研究家としても知られていた。ライプツィヒで生まれたシュレーバーは、ライプツィヒ大学法学部を卒業し、法曹界に進む。そして、有能な裁判官として職務に励み、五一歳でドレースデンの控訴院民事部部長に就任する。これは異例の出世であった。ところが、その前後に精神に変調を来す。シュレーバーは奇妙な音を聞くようになり、眠れなくなる。ライプツィヒ大学教授の精神科医フレックシヒ（Paul Flechsig 1847-1929）の診察を受けるが、病状は悪化し、そのまま大学附属病院に入院する。下された診断はパラノイアだった。一八九三年一一月からほぼ半年を附属病院で過ごした後、短期間ある私立病院に移り、その後、ドレースデン近郊の精神病院ゾンネンシュタインに転院する。そして、一九〇二年末の退院まで、ここで約七年半のあいだ入院生活を送る。その間の体験を書き綴ったのが『回想録』（一九〇三年刊）である。

　『回想録』にはその体験が正確かつ克明に記述される。著者は「神経病者」を自称するのだが、「神経病」は断じて精神病ではない。この「聖なる病」[3]ゆえに、シュレーバーは神や魂の声を聞き、現実にはありえない光景をヴィジョンとして目にすることができるようになったのである。同時にまたシュレーバーは筆舌に尽くしがたい苦しみを味わう。かつての主治医フレックシヒ教授は百数十キロ離れたライプツィヒにいるはずなのに、いまだ教授は何らかの方法でシュレーバーに危害を加える。敵は教授ばかりではない。どうも神までが教授の陰謀に加担し始めたようだ。その結果、「神の奇蹟」によって、肋骨は砕かれ、胃は奪われ、ときには頭部が締め上げられる。シュレーバーはこうした迫害を我が身で体験する。それは彼にとって完全な現実である。そこに疑問の余地はない。シュレーバーは、神の奇蹟によって途方もない苦しみを受けるとともに、神のヴィジョンを通じてまったき真理を得たと主張する。それは私たちにはとうてい受け入れがたい主張であり、それゆえに、シュレーバーは精神異常者なのだと判断せざるをえない。著者の退院後に刊行されたのではあるが、やはり『回想録』は狂気の書である。しかし、裁判官としての文章力が遺憾なく発揮されたこの書には、隅々にまで精緻な論理が行き渡る。この書では異常な体験が、明晰な文章によって報告され、さらに著者はその体験に基づいて、ある種の神学体系を構築する。壮大な体系を構想し、それを緻密に裏付ける知力は常人の及ぶところではない。シュレーバーの『回想録』に対面するとき、誰しも理性とは何か、狂気とは何かという疑問を突きつけられることになるだろう。

シュレーバーにとっては頭の中の世界が現実となる。他方、大多数の人間が現実として認識する世界は、シュレーバーには影絵のようなものでしかない。外界からは情動充当―フロイトの論文の術語に従えば「リビドー充当」―が取り去られ、その結果、シュレーバーにとって、現実からは現実感が失われてしまう。シュレーバーの周囲にいる人間は、彼にとってもはや生身の人間ではなく、神の奇蹟によって「かりそめに急ごしらえされた」人形のごときものでしかない。半年間、ライプツィヒ大学附属病院に隔離された後、別の病院に転院することになったシュレーバーは、馬車の中から数カ月ぶりでライプツィヒの町並みを見る。そのときのことをシュレーバーは次のように語っている。

私には、自分が通って行くライプツィヒの町の街路すら、芝居の書き割りにすぎないとも思えた。つまりそれは、ロシアの女帝エカチェリーナ二世が荒野を旅したとき、花咲き乱れる光景の印象を与えるために、ポチョムキン侯が女帝の観覧に供したという書き割りのようなものかもしれないと思ったのである。(4)

舞台の書き割りが書き割りとしてしか認識されないとき、演劇はもはや死んでいる。舞台後方の芸術的な価値があるとも思えない風景画が、芝居の進展のなかで、ある現実感を帯びて、活性化され、単なる書き割りであるという意識からまぬがれるとき、演劇は演劇として成立する。ヴィジョンがまったき現実となり、現実が空虚な影絵のごときものとなってしまうシュレーバーにおいて、もはや演劇的幻想は成り立たず、演劇状況は存在しない。(5) ヒステリーにおいて、またパラノイアにおいて、幻覚が生じることに変わりはない。しかし、両者における心的状況は質的に異なったものである。

幻想という二重性のうえに演劇は成り立つ。それは自明のことども思えるが、しかし、それはまた、とりわけ二〇世紀の演劇理論において、きわめて重要な問題性を形作った。同一化、あるいは感情移入を排除し、観客から幻想を追放しようとしたとされるのが、ブレヒト（Bertolt Brecht 1898-1956）の叙事演劇であり、異化効果である。他方、アルトー（Antonin Artaud 1896-1948）の残酷劇は、同一化を徹底させ、登場人物と俳優の、また舞台と客席の距離を廃棄し、演技を行為へ、劇場全体を舞台へと変貌させようとした。アルトーも幻想の放逐を企図したのである。ブレヒト、アルトーを経た今、渡辺守章の指摘にもかかわらず、幻想という要素を無視するブルックの言葉はそのまま肯定せねばならないのかもしれない。そうであるとするならば、幻想に依拠するフロイトの演劇論は、一九世紀的、ブルジョア的な時代錯誤であり、すでに有効性を失っていると考えねばならない。以下、ブレヒトとアルトーを検証する。

二、ベルトルト・ブレヒト

フロイトとブレヒトとは、世代も、関心の領域も異なる。フロイトはもちろんブレヒトの芝居など見たことはなかった。また、演劇から心理主義を排除しようとするブレヒトが、フロイトの影響を受けたということもありえない。仮にブレヒトの戯曲に接したフロイトが、万一肯定的な評価を下すことがあったにしても、それは、文化的に同世代に属するトーマス・マン（Thomas Mann 1875-1955）のブレヒト評価を越えるものではなかっただろう。ブレヒトについて、マンはこう語ったという。

なんともはや。このがさつな男は、才能はもっているようですね。(6)

フロイトが、アリストテレスのカタルシスから演劇論を展開するのに対し、ブレヒトの目指すのは、非アリストテレス的演劇である。しかし、ブレヒトにとっても、アリストテレスの演劇論の中心をなすのは、フロイトの場合と同じく、カタルシスである。ブレヒトは次のように述べる。

私たちは、よく知られた三一致の要請が『詩学』の頂点であるなどとは考えない。最近の研究によって確定されたように、アリストテレスはそうした要請をしてはいないのである。アリストテレスが悲劇の目的としたもの、すなわちカタルシスこそが、私たちの社会的関心を惹く。[7]

ブレヒトがアリストテレスの演劇論に見るのは、時、場所、筋の一致を要請する「三一致」の法則ではなく、あくまでカタルシスである。ブレヒトの非アリストテレス演劇は、カタルシスを目的とした演劇に対置される。そして、ブレヒトは、カタルシスが「俳優が模倣する、行動する人物へと、観客が感情移入するという特異な心的行為によって生じる」[8]と述べる。カタルシスは、フロイトも論じるように、舞台上の俳優と登場人物との同一化を前提とする。さらに、同一化を成立させるのは、観客の登場人物への感情移入である。カタルシスの基盤が感情移入／同一化であるとする点において、ブレヒトもフロイトと一致する。ただし、アリストテレス的演劇という術語によって指し示される演劇ジャンルが、ブレヒトにおいて厳密に規定されているわけではない。

私たちは、こうした感情移入を呼び起こす演劇をアリストテレス的と呼ぶ。その際、その演劇が、アリストテレスによって提唱された規則を利用しているか否かは、問題とならない。[9]

ブレヒトにとっては、ギリシア悲劇から、フランス古典劇、自然主義、表現主義に至る西欧の主流的な演劇全体がアリストテレス的演劇として総括されるのである。とくに厳密な理論的考察がなされるわけではない。そして、感情移入によるカタルシスを劇的効果とするアリストテレス的演劇がまさに「ドラマ的（dramatisch）」であるとされる。他方、ブレヒトがそれに対置する非アリストテレス的演劇は「叙事的（episch）」である。伝統的なアリストテレス的演劇においては、これまで述べてきたとおり、俳優は登場人物を演じ、登場人物になりきる。そして、舞台では俳優＝登場人物間の葛藤対立関係のなかである出来事が展開する。ブレヒトの構想する叙事的演劇においては、俳優は登場人物を演じつつ、しかしまた同時に、叙事詩人が叙事詩を語るように、第三者として登場人物を提示する。叙事演劇は、演劇であるとともに「物語的」で、「舞台は出来事を語る」[(10)]のである。

一七世紀以降、ヨーロッパで一般的な形態となった、いわゆる「イタリア式額縁舞台」において、舞台は明るく照らし出されるのに対し、観客は闇の中に座る。三方を壁に囲まれた舞台で演技する俳優は、観客がそこにいるのを知らぬかのように振る舞う。俳優にとっては、観客席の手前に第四の壁が形作られる。四方の壁が舞台を囲繞する。俳優の演技は、舞台で現実の出来事が展開するという幻想を観客に与えることを目指す。繰り返しになるが、カタルシスの前提は観客の登場人物への感情移入である。そしてこれを可能とするのは、俳優の側における登場人物への感情移入であり、それに基づいた俳優と登場人物との同一化である。ハムレットを演じる俳優は、ハムレットに感情移入し、それになりきって舞台に登場する。舞台上の俳優の演技がもはや演技ではなく、心理的、身体的にその役を現実に生きているという印象を生じさせたとき、それが成功した演技と一般には評価される。そして、そうした演技が、観客において俳優と登場人物の統一体への感情移入、さらには同一化を可能とする。それが、前章で見たとおり、スタニスラフスキー・システム、また、ストラスバーグのメソッドが目指すところでもあった。それに対して、叙事演劇の前提は、舞台と観客席とを隔てる第四の壁の撤去にある。ブレヒトの構想する叙事演劇において、俳優には、観客を前にし、観客に見られているという意識を明瞭に表現することが求められる。「提示するという身振り」[11]を観客にはっきりと見せる演技が、叙事演劇の基本である。ブレヒトの演劇においても、俳優が人物を演じることにかわりはない。しかし、俳優に求められるのは「ある種の人々を模倣し、その振る舞いを提示する」[12]演技である。俳優は人間のある類型を提示するのであり、ある個人になりきることは拒絶される。登場人物は、俳優の「自己疎外」[13]によって、いわば俳優の肉体の外側に構成される。

このような叙事演劇において、舞台から観客に向かって発せられるのが異化効果である。ブレヒトの異化効果は、「観客に、上演される事象を、検証し、批判する姿勢を与えること」[14]を目的とする。催眠的な作用による魔術性は舞台から排除される。観客が恍惚状態に陥ることがあってはならない。ブレヒトの叙事演劇において、観客の立場は、催眠作用を及ぼされる受動性から、舞台上の事象を検証し、批判し、認識する能動性へと変換される。わかりきったこと、当たり前のことと思われていることが、舞台上の演技によって、新たな光で照らし出され、未知の事柄に変わる。当たり前のことが、当たり前のことでなくなってしまうことに観客は驚きを覚える。既知から未知への変換にともなう驚愕が異化効果であり、それが観客を認識行為へと導く。

ブレヒトの演劇論、俳優術に直接的な影響を及ぼしたのは、ピスカートル（Erwin Piscator 1893-1966）の政治劇である。また、西欧における叙事演劇の源流をたどれば、中世の宗教劇に遡ることができるという。ブレヒトの演劇論は西欧の伝統と無縁に構想されたわけではない。しかし、東洋演劇、とりわけ中国の京劇がブレヒトに大きな影響を及ぼしたことはよく知られている。ブレヒトは、「中国の俳優術における異化効果」（一九三七年）で、東洋演劇から学ぶべき俳優術について論じている。ブレヒトはモスクワで中国の京劇俳優梅蘭芳《メイランファン》（1894-1961）の演技に接し、大きな衝撃を受ける。梅蘭芳について、ブレヒトは、「中国の役者は、自分が見られているという自覚をはっきりと表現する」[15]と述べる。中国の演劇に第四の壁はない。演技の最中にも、舞台に「家具が運び込まれる」[16]演劇において、観客はもはや舞台上の出来事が現実であるという幻想をもつわけにはいかない。東洋の俳優術を知ることで、ブレヒトは、西欧演劇への批判的な視点を得る。バルト（Roland Barthes 1915-1980）が、一九六八年のエッセー「エクリチュールの教え」のなかで言うように、ブレヒトは、「東洋演劇の批判的重要性を理解し、口にした最初の人間」[17]であった。

　バルトは、このエッセーで、ブレヒトの異化理論、とりわけ「中国の俳優術における異化効果」を下敷きにしながら、日本の人形浄瑠璃を論じている。バルトは、異化効果が終始きわめて先鋭的に発揮される演劇として、人形浄瑠璃を考察する。それ自体、自律的な肉体をもたない人形は人形遣によって操られる。観客は、人形の登場人物としての所作と同時に、それを動かす人形遣の労働を見る。さらに、登場人物によって発せられるべきセリフは、舞台の脇にすわる太夫によって語られる。西欧の演劇においては、セリフとして発せられる声と身体的な所作が俳優という一人の人物において統一されることで、登場人物が構成される。それが、また、俳優と登場人物の同一化の条件であり、さらに、観客の感情移入を可能とする条件でもある。しかし、人形浄瑠璃では、登場人物は、人形の身体的所作と太夫の声とに分裂し、さらに登場人物の運動は、人形の所作と人形遣の労働に分裂する。観客はそうした分裂を目の当たりにする。舞台に、完成された統一的な登場人物は存在しない。それゆえ、人形浄瑠璃において、俳優によって実体化された登場人物への観客の感情移入、同一化などもとよりありえない。そもそも、人形浄瑠璃に俳優は存在しない。さらに言えば──このことにバルトは触れていないのだが──太夫は登場人物の台詞だけではなく、その仕草や状況を第三者として語るのであるから、人形浄瑠璃は、まさにブレヒトの言う意味で「叙事的」である。しかし、にもかかわらず、舞台で、たとえば、恋人の自殺が提示されるとき、観客は、バルトの言うように、「涙を流す」[18]。ところが、それを認めながら、バルトは、人形浄瑠璃において「舞台から追放されるのは、ヒステリー、つまり演劇そのもの」[19]だと書く。バルトは何かを捉えそこねているようだ。実際にはそうした「追放」は起きてはいない。日本語を理解しないバルト、そしてまた中国語を理解しないブレヒトは、人形浄瑠璃や京劇をおそらくは正しく体験していなかったのであろうと考えられる。

俳優＝登場人物という等式を完全に打ち壊す人形浄瑠璃の観客も涙を流し、カタルシスを得る。観客が涙するのは、もちろん、舞台上の出来事に感情移入するからだ。異化効果は、それ自体、感情移入を排除しない。観客は、幾重にも分裂した登場人物を心的表象として再構成し、ある統一体を作り出す。そして、それに感情移入して同一化する。それはまさにヒステリー現象である。太夫が発する詞章を解しないバルトは、内的に登場人物を再構成するという過程を共有することはできなかった。しかし、それなしに東洋演劇を享受することはできないのである。

フロイトは、「精神病質の登場人物」で、演劇が、叙事詩、舞踊より、「さらにより深く情動の可能性の内へと入り込」む芸術形態であると位置づける。演劇は、あらゆる芸術形態のうちで、もっとも情動の奥深くへと入り込む可能性をもつ。演劇のこの性格ゆえにこそ、アリストテレス以来のカタルシス論が成立する。そして、演劇において情動を揺り動かすための前提条件となるのは、これまで確認してきたとおり、感情移入であり、同一化である。しかし、ブレヒトの非アリストテレス的演劇においては、まさにその前提条件の排除が意図される。情動の興奮とその放出に代わって、観客は、認識の悦びを味わうという。しかし、一方で、認識の悦びも、それが悦びである以上、情動の興奮であることに変わりはない。非アリストテレス的演劇においても、認識の悦びという情動の放出、すなわち、カタルシスが生じうる。またそこには、フロイトの言う「性的な興奮」がともなうことにもなるだろう。また他方、俳優と登場人物との同一化が完全に排除される人形浄瑠璃において、観客は感情移入を体験する。人形浄瑠璃において、観客には、舞台上の様々な事象―セリフ、所作、音楽等―を検証し、統合する能動的な知的作業が求められる。それを想像力と呼んでもよいだろう。しかし、その能動性の結果として成立する心的表象に対して主体はやはり受動的である。自らの想像力の能動性によって成立した表象は、より強い作用をもって主体を圧倒する。観客は恍惚として涙を流す。

「我が身には何も起こらぬ」ことを嘆きつつ日常生活を営む者は、舞台上の俳優＝英雄に自己同一化し、それによって日頃の鬱憤を晴らし、再び日常へと戻っていく。ブレヒトの企図したのは、このような日常の安定と社会秩序維持のための装置として機能する劇場の変革であった。共産党員ではなかったが、共産主義者ではあったブレヒトは、演劇による社会の革新を目指していた。ブレヒトは自ら教育劇と呼ぶ劇を創作した。劇場は学びの場なのである。人々は教育劇を通じて、能動的に社会変革に関与する姿勢を身につける。劇場が単なる娯楽の場に終わってしまってはならない。しかし、ブレヒト自身、完全に感情移入を排除した演劇が成立しえないことははっきり知っていたにちがいない。一九三六年頃のエッセーには次のように書かれている。

> 教育劇であろうとも、演劇は演劇であり続ける。そして、よい演劇である限り、それは面白いのである。[20]

ヒトラーが政権を奪取した一九三三年、ブレヒトはドイツを脱出し、その後、世界各地を転々とする。そして、一九三六年にはニューヨークでストラスバーグのグループ・シアターと接触した。そのとき、グループ・シアターはブレヒトの教育劇『処置』を上演しようとしていた。ブレヒトはそのリハーサルを訪れたのである。ストラスバーグによると、リハーサルはつねのごとくスタニスラフスキー・システムに則って行われたが、それを見ていたブレヒトは満足げな様子で、批判めいたことはいっさい口にしなかったという。[21] ストラスバーグは、ブレヒトが感情移入を排除しようとしていたというのは誤解だとし、次のように書く。

> 一九五一年に書かれた「ある俳優への手紙」で、彼［ブレヒト］は演劇に関する自分の多くの見解が誤解されていること、とりわけ、自分に賛同すると称する批評家たちに誤解されていること

に気づいたと述べている。彼はこう書く。「そんなとき私にはこんな手紙をもらった数学者になったような気がする。『拝啓。私は、二たす二は五だという先生のご意見に完全に同意しております』。私が思うに、いくつかの見解について誤解が生じるのは、私が重要な事柄を自明のことだと思って、きちんと説明しなかったせいだ」。(22)

ハリウッド映画の土台となる俳優術を編み出したストラスバーグはブレヒトにおおいに共感していた。一九五六年にブレヒトの率いたベルリン・アンサンブル劇団は『コリオレイナス』（シェークスピア作、ブレヒト改作）をロンドンで上演する。このときすでにブレヒトは死去していたが、ストラスバーグはこの公演を観るため、その地へ飛んだという。ストラスバーグはその公演に「ひじょうに大きな感銘と刺激」(23)を受けたと述べている。ブレヒトとストラスバーグは演劇人として互いに理解し合っていたと考えるべきだ。

ブレヒトは実践的な劇作家であり、演出家であって、抽象的な演劇理論の構築を意図していたのではない。異化効果を論じるブレヒトが、演劇人として目指していたのは、「異化」であるより、根本的にはやはり観客への「効果」であったはずだ。つまり、フロイトの言うように、観客が舞台に関与し、「わくわくしながら演劇を見ること」なしに、そもそも演劇は成立しない。それなしに演劇が成立すると主張することは、「2+2=5」だと言い張ることだ。そして、そうした心的な関与を前提としなければ、観客に異化による衝撃や驚愕を与えることはそもそも不可能であり、また、それに基づく「認識」が生じることもありえない。

ブレヒトの演劇であれ、演劇の演劇としての成功は、観客の舞台への関与、舞台上の事象への情動の充当にかかっている。そして、多量の情動充当を受けた表象は主体に対してそれに相応する力をもって迫る。つまり、そこからはある種の現実感が生じ、それとともに「あたかも現実であるかのような」という幻想が形成されるのである。叙事演劇であれば、観客には確かに知的な想像力を能動的に作用させることが求められる。しかし、その結果として成立した表象に対して主体は見物人として受動的であらざるをえない。もちろん、ブレヒトの観客は、人形浄瑠璃の場合のように、涙を流すことはないだろう。しかし、幻想を破るような驚愕も、主体はやはり受動的に体験する。そして何らかの認識を得た観客がその本来の能動性を発揮し、認識を行為へと変換しうるのは、もちろん、観客が観客でなくなったとき、劇場を立ち去った後のことだ。

他方、システムやメソッドの演技法において、俳優がその演技のなかで登場人物との同一化を実現しようとするときにも、やはり、俳優は、主人公の死が自分自身の死ではないことははっきりと知っている。その点で、俳優と登場人物のあいだには必ず距離が内在する。そして、ブレヒトの言う異化効果の前提は両者のあいだの距離にある。それが、観客と舞台上の出来事との距離につながる。Verfremdungseffekt（異化効果）の一般的な英訳が distancing effect であるように、異化効果は距離の効果でもある。そして、演技が演技である以上、俳優が完全に登場人物になりきることはありえず、距離の効果としての異化効果はあらゆる演技に潜在する。その距離を意識的に露出しようとするのがブレヒトの非アリストテレス的演劇であるのに対し、その距離を隠蔽する方法がスタニスラフスキー・システムであり、ストラスバーグのメソッドである。未熟な俳優が登場人物になりきろうとすると、当然、芝居という虚偽が露出する。だからこそ登場人物になりきるための俳優修業が必須となる。それに対して、ブレヒトの提唱する異化効果は、芝居という虚偽を積極的にあらわにすることによって、劇場を虚偽の空間から解放する。しかし、その場合でも、観客の想像力によって再構成された、登場人物への、あるいは舞台上の状況への感情移入が生じる。アリストテレス的演劇においてであれ、非アリストテレス的演劇においてであれ、観客は、舞台に刺激を受けて、自分の内に私的劇場を開演させる。それなしに、演劇は演劇として成り立たない。

ブレヒトの方法は、一方で商業主義によって平板化し、他方、重苦しい心理主義のせいで行き詰まった西欧演劇を再び活性化する作用をもたらした。ブレヒトなしに二〇世紀の演劇を語ることはできない。しかし、幻想が演劇の前提であることに変わりはない。そして、舞台上の出来事に刺激を受けて、自ら能動的に紡ぎ出す幻想に対しても、主体は受動的であり続ける。

三、アントナン・アルトー

アルトーの場合、ブレヒトと比べれば、まだしもフロイトとの接点を見いだしうる。アルトーはもともとシュルレアリスム運動に深くかかわっていた。シュルレアリスムはフロイトを―本人の意思に反して―旗頭とする芸術運動として始まった。アルトーは雑誌『シュルレアリスム革命』にも寄稿しており、ある時期までは運動の重要なメンバーだった。アルトーには自分こそが真のシュルレアリストだという自負があった。しかし、しだいに政治運動化するそのグループと縁を切ることになる。アルトーはシュルレアリスト・グループよりもさらにシュルレアリスト的だったと言えるかもしれない。その演劇は無意識的な情動を直接的に表現しようとするものであった。もちろん、フロイトがアルトーについて書いたことはない。また、仮にウィーンでアルトーの劇団の公演があったとしても、フロイトが見物に足を運ぼうという気を起こすことは絶対になかっただろう。

アルトーは確かに精神を病んでいた。五歳のときに罹った髄膜炎の後遺症が残り、つねに精神的に不安定だった。二〇歳代になると、頭痛を抑えるために、アヘンなどの薬物を常用するようになった。その反面、創造的な才能に恵まれ、一〇代のときから詩作をし、絵画も学んでいた。それとともに、演劇に関心を向け、二五歳で初舞台を踏んだ。その後も俳優として舞台と映画で活動した。また、戯曲の創作や詩作にも携わった。そうした活動は一部で注目され、高く評価された。しかし、精神は不安定なままだった。一九三七年、四一歳のときアイルランドのダブリンの広場で錯乱状態に陥り、フランスに強制送還される。そして、それ以降、一九四六年まで複数の精神病院で入院生活を送る。そのあいだも執筆活動が途絶えることはなかった。アルトーはパラノイア、あるいは分裂病（統合失調症）と診断された(24)。

しばしば指摘されるように、二〇世紀に展開された演劇論において、ブレヒトとアルトーは対極に位置する。ブレヒトの演劇は観客に距離の効果を与えようとするのに対し、アルトーは舞台と観客の距離の廃棄を目指す。また、積極的に政治活動にかかわったブレヒトと、精神病院に長く幽閉されたアルトーの生涯とは対照的である。しかし、両者には、東洋演劇に大きな影響を受けたという共通性を見ることができる。ブレヒトが中国演劇に衝撃を受け、そこから新たな俳優術を構想したように、アルトーは伝統的な西欧演劇を打破する可能性をバリ島の演劇に見いだした。一九三一年、パリのヴァンセンヌの森で開かれた植民地博覧会でこれに出会ったアルトーは、その衝撃を「バリ島の演劇について」というエッセーに書き記す。

バリ島の演劇は祭儀的性格を色濃く残す。というより、それは、音楽と舞踊からなる祭儀そのもののようにも見える。ある種の物語を表現するものではあっても、そこに台詞はない。アルトーによれば、その演劇は「感嘆すべき数学的精密さによって計算し尽くされ」た「一連の儀式的な動作の蓄積」[25]から成り立つ。そこでは、「偶然や個人的な思いつきに任されることはな」[26]く、「すべてが規制され非個人的」[27]である。個々の筋肉の運動、眼球の微細な動きに至るまで、計算され尽くされており、あらゆる自発的即興性は排除される。しかし、またそれ故にこそ、「豊かさとファンテジーと惜しみない贅沢三昧の感覚があふれ出」[28]る。舞踊家の肉体は、個体を越えたある「知性」に操られているかのように見える。肉体の運動は色彩の奔流のなかで、音楽と溶け合いながら、神々しさを得る。

諸動作の緊密で微妙な綾のなかに、無限に変化する声の抑揚のなかに、広大な森に降り注ぐ雨とその雫のような打楽器の音のなかに、すばらしい知性が至るところで火花を散らしている。[29]

アルトーの言う「知性」とは、たとえば、ニーチェのツァラトゥストラが讃える身体の理性、身体に宿る「大いなる理性」[30]でもあろう。バリの演劇において、個人性、そして個人の恣意に基づく即興性は否定される。そして、それが否定されることによって、演技者たちは個体を越えた「高い叡知」[31]に操られる。その叡知は「我々西洋人が決定的に抑圧してしまった、何か空想的で暗い現実に呼応」するものであり、「精神のもっとも深奥の知覚」、あるいは「深奥の心的衝動」[32]である。それは、まさにアルトーの呼ぶところの演劇の「分身」でもあり、また、ニーチェにおけるディオニュソスに相当するものでもあろう。その分身が立ち現れるなか、観客には「魔術的同一化」[33]が生じる。舞台と観客席とは一体となる。個体性を捨て去ることで、観客は魔術的な世界に参入する。

《我々は、話していたのが我々自身だったと知るのである》。[34]

またこうも言う。

この恐るべき宇宙の嵐のなかで髪を逆立てた〈戦士〉の後ろに、いまや〈分身〉が傲然と立ちはだかり、小学生のように子供っぽい嘲弄にうち興じる。だが分身自身も、騒然たる嵐の巻き返しによって、吹き上げられ、無意識のうちに、彼の理解をも超えた魔力の世界に入っていくのである。[35]

アルトーにとって、このようなバリ島の演劇が、彼自身の「残酷の演劇」を構想する契機となった。しかし、バリ島の演劇に関するアルトーの見解は、客観的な異文化理解に基づくものとは言えない。たとえばポーランド人の演出家で演劇理論家グロトフスキ（Jerzy Grotowski 1933-1999）が指摘するように、「たとえそれが想像力にとってどれほど示唆的であろうとも、現実には一つの大きな誤読」[36]である。グロトフスキの言うように、「アルトーの秘密は、なかんずく、とくに実りある誤りと誤解をやってのけたこと」[37]にあった。グロトフスキが指摘する「誤読」

とは別に、本稿の叙述とかかわらせて、アルトーの見解を考察すると、次のような誤解を指摘しうる。

第二章で見た通り、レヴィ＝ストロースは、祭儀を司るシャーマンについて、「シャーマンは患者を扱いながら、その場にいる人々にある芝居を見せつける」と述べる。続けて、レヴィ＝ストロースは「芝居という言葉に欺かれてはならない」と述べ、シャーマンはいくつかの出来事を単に模倣的に再生するのではなく、それらの出来事を、「その激しさ、その独自性、またその荒々しさにおいて、現実に再び生きる」と書く。シャーマンは彼自身を襲った過去の体験を再現しつつ、それを生きる。しかし、いかに激烈な再現であろうとも、やはり、それが「芝居」であることに変わりはない。アンナ・Oが、ヒステリーの発作のさなかにあっても「どこか脳の片隅に、鋭く冷静な観察者がすわっていた。全部そのふりをしていただけ」と語ったように、職業的なシャーマンがそうした発作を再現するときにも、演技という意識が完全に消失してしまうことはない。まして、祭儀という側面を残しながらも、すでに観客を想定したバリ島演劇における演技者はまさに演技をする者でしかない。こうした条件のなかで、仮にある種の「魔術的同一化」が生じるとしても、観客が自我を完全に放棄し、文字通りの忘我に陥ってしまうなどということはまずありえない。

アルトーはこのように書く。

我々はそこで、急に、形而上学的闘争の只中に巻き込まれる。恍惚状態に墜ち宇宙の力に取り巻かれ、その波に呑まれて硬直した体の様子が、凶暴であると同時にこわばり角張った踊りによって見事に表現される。人はそこに突然、精神の真っ逆さまの転落が始まったことを感じるのである。[38]

ガムラン音楽の熱狂のなかで、演技者が、実際に体を硬直させてしまうような恍惚状態に陥ることもあるかもしれない。しかし、それはトランスを内に取り込んだ文化の内部の出来事であり、それによって、「精神の真っ逆さまの転落」などという事態が生じるわけではない。ここには「形而上学的闘争」とかかわるようなものはなにもない。アルトーのバリ島演劇観は、ヨーロッパ人のエキゾティズム、オリエンタリズムの域を出ていないように思える。しかし、客観的で正確な理解などそもそもアルトーの志向するところではなかった。アルトーは、ヴァンセンヌの森で、実際にそうした「精神の真っ逆さまの転落が始まったことを感じ」たにちがいない。それはアルトーの主観的な体験であった。そうした「実り豊かな誤解、誤読」が「残酷の演劇」の構想へと導く。バリ島演劇体験の翌年、一九三二年には、「残酷の演劇（第一宣言）」が執筆されている。

「残酷の演劇」において、対話的な言葉は廃棄され、音声は叫びとなる。「残酷」と呼ばれる苛烈な必然性を表現する身体運動が、所作的な演技にとってかわる。観客はそうした叫びと行動、激しい音響と明滅する光に囲繞される。

我々は舞台と客席を廃止して、いかなる種類の堺も区切りもない単一の場所をこれに代える。それが劇行動の場となる。それによって、観客と上演との間、観客と俳優との間に直接的な交流が回復される。そのために観客は行動の真っ只中に置かれ、行動が観客を包み、縦横に横切る。[39]

観客は、魔術に巻き込まれ、陶酔と狂乱に陥る。観客の批判力は無力化される。それは、ニーチェが悲劇の誕生以前に想定したディオニュソス秘儀の再興であったと言ってもよい。しかし、神話を共有する文化の内部における祭儀を、すでに神話を喪失した時代にそのまま再興することは不可能である。アルトーは、普遍的で宇宙的な全体性を表現する演劇を求める。しかし、それは、アルトー個人の宇宙的なヴィジョンから創作される神話であり、またそれに基づく演劇でしかありえない。そして、舞台と客席とを隔てる境界が廃棄され、観客が批判力を停止させて、その魔術的な世界に参入するなら、そこでは、そもそも演劇そのものが廃止されることになる。演劇の原理としての演劇的幻想はもはや成り立たない。もちろん、アルトーの目指すのは伝統的な演劇の破壊であり、残酷演劇においては演劇の原理が成立しないなどという批判は批判というに値しない。しかし、アルトーの夢想する舞台芸術は実現しうるのだろうか。

演劇性が廃止され、個人の神話が圧倒的な現実感を帯びるという状況は、先程述べたシュレーバーにおける状況でもある。シュレーバーは彼を襲う奇怪なヴィジョンをまったき現実と確信する。批判力を停止したシュレーバーは、魔術の世界に迷い込んで退路を閉ざす。そして、シュレーバーが神の奇蹟に強いられ、病室で、あるいは病院の庭で「うなり声」をあげ続けたように、アルトーの劇場は叫び声で満たされる。強力な「引力」を帯びたシュレーバーの神経は神をも引き寄せる力をそなえる。それに呼応するかのように、アルトーは「人間の神経的磁力」[40]について語る。「言語への知的従属を打破し」、「その下に隠された新しくてより深い知性の感覚」[41]を伝えるアルトーの演劇言語は、シュレーバーの言う「根源言語」でもあろう。『回想録』では、神や魂はこの不可思議な言語を操るとされている。それは、「婉曲語法がひじょうに豊富」[42]な古めかしいドイツ語である。フロイトによれば、この「根源言語」は、「妄想の本来の字句的内容を指し示そうとするもの」[43]であり、無意識的な想念を直接的に表現しようとする言語であった。あるいは、アルトーの演劇言語が「神経的磁力」の波動から発せられるとすれば、それはシュレーバーのいう「神経言語」に近いものであるかもしれない。シュレーバーにおいては「神経が外部から、しかも絶え間なくひっきりなしに動かされる」[44]ことによって、当人の神経からこの「神経言語」が発せられることになったという。「根源言語」は神や魂が用いる言語であるのに対し、「神経言語」は、神や魂が人間の神経を揺さぶることで発せられる言語である。それはアルトーの求める演劇言語であっただろう。

さらには、先に述べたように、あらゆる迫害を蒙るシュレーバーの身体は、神の奇蹟によって寸断され、痛めつけられる。

肋骨が、かなりの部分、時折一時的に粉々に砕かれるということがあった。［中略］もっとも厭うべき奇蹟の一つは、いわゆる胸部狭窄奇蹟であった。［中略］その結果、呼吸困難による圧迫感が体中にひろがった。[45]

食道も腸もズタズタにされ、肺は完全に収縮してしまう。食道、胃、腸、喉頭がある期間すっかり消滅していたこともあった。[46]アルトーの言う「器官なき身体」[47]はシュレーバーにおいてある程度まで―主観的な―現実となっていたのである。奇蹟のせいで激痛を感じることは頻繁だったが、逆に、この世のものとは思えぬような快感に触れることもあった。「性交の際の女の性的な悦びもおそらくかくやあらんというような官能的快感を感じる」[48]こともあったという。『回想録』において、こうした記述は無数に見いだすことができる。シュレーバーはそうした身体現象をまさに紛うことなき現実として感得するのである。

身体的現実を感じていたというばかりではなく、入院中のある時期までは、すでに述べたように日に幾度も、ときには夜中にも大音声で「うなり声」をあげることもあった。ゾンネンシュタイン病院でそうした「うなり声」を長時間にわたってあげ続けたため、近隣住民が病院当局に苦情を申し立てたほどだったのである。しかし、それは自分の意図するところではない。控訴院裁判官で法学博士であるシュレーバーが好き好んでそんな馬鹿げたことをするはずはない。それは神の奇蹟によって惹き起こされるのであり、彼にはそれをやめようにも、やめようがない。それはけっして演技なのではない。すべては必然なのである。

アルトーの残酷が意図するのは、切り刻まれる身体の感覚、究極的なリアリティの感覚を生みだすことであったと考えられる。アルトーの演劇言語は、「諸器官を追いつめ、締めつける」[49]ことを目指す。アルトーはまた「肉体を切り裂かなくとも純粋な残酷を想像することは容易」[50]であるとも書く。演劇的な「残酷」は、現実に肉体を切り裂くことなく、その感覚を得ることだ。シュレーバーは確かにそうした感覚を体験し、さらに神の奇蹟を「うなり声」という身体運動で表現していた。

こうした舞台芸術が、理論的に、あるいは空想的にありうるとしても、しかし、ここにはフロイトが「精神病質の登場人物」で言う「観客の安全に害は生じないという保証」（GW.

NT.657）はない。冷静な観察者としての観客が排除され、苦痛を体感することが求められる劇場を自ら進んで訪れようとする者はそう多くはいないだろう。また、そうした人々がいたとしても、何らかの病理的状況に陥らない限り、観客がシュレーバーのような身体感覚を共有することなどありえない。そして、アルトーの舞台芸術が演劇として成功したとしても―つまり、冷静な観客がそのパフォーマンスから感銘を受けるという意味で、そして、その結果、商業的にも採算がとれるという意味で―その成功はアルトーの理念からすれば、失敗にほかならない。事実として、アルトー生前の残酷演劇の公演は、当時の劇評からしても、興行的にも失敗に終わった。アルトーの提案は、グロトフスキの言うように、「実現不可能」[51]と考えざるをえない。また、グロトフスキの演劇論を強く批判するストラスバーグも、アルトーについてはグロトフスキと同じく「その上演計画の多くは実行不能」[52]と断言するのである。

ブレヒトとアルトーは間違いなく二〇世紀の演劇史における巨人である。両者は世界の演劇に計り知れない影響を及ぼし、また多くの思想家に豊かな思索を喚起した。[53]しかし、二人の理念がそのまま演劇として実現されたわけではない。両者を経た現在においても、「観客の享楽は、幻想を前提とする」というフロイトの言葉は有効である。確かに、「観客は感じ、作用し、すべてを自分の思うがままに造形せんとする。すなわち、英雄たらんとするのである。そして、劇作家／俳優は、観客を舞台上の英雄と同一化させることで、これをかなえてやる」とフロイトが書くとき、フロイトは、明らかに大衆的な通俗演劇をモデルとしている。もちろん、「精神病質の登場人物」においても、たとえばシェークスピア（William Shakespeare 1564-1616）の『ハムレット』について論じるフロイトの演劇理解がそうしたレベルにとどまっているわけではない。通俗的な大衆演劇をモデルとするのは、複雑な現象を解明する際、その原初的な段階から出発するのがフロイトの方法でもあるからだ。たとえば『夢解釈』にはこう書かれている。

あらゆる夢のなかでもっとも単純な形式の夢はたぶん子どもたちに見いだされると期待してよいだろう。子どもたちの心の働きは、成人の場合ほど複雑でないのは確実であるからだ。私は、児童心理学が成人の心理学に対してある役目を果たすべきだと考えている。それは、下等動物の構造とか発達の研究が、もっとも高等な動物綱の構造探求に対して果たすのに似た役目である。（TD.1.164）

フロイトが大衆演劇から説き起こすのは、これが「もっとも単純な形態」の演劇であるからだ。それは、「もっとも高等な」演劇を含めて、演劇一般を解明するための手段であるにすぎない。そして、ブレヒトの叙事演劇、あるいは人形浄瑠璃という「高等な」演劇も、幻想を前提とすることは否定しえない。フロイトの演劇論の前提はいまだその有効性を保持する。

第五章　夢と演劇

一、『悲劇の誕生』とフロイト

ニーチェの『悲劇の誕生』とブロイアー／フロイトの関係については、すでに第二章で考察した。ここでは、さらに別の観点から、それについて論じることにする。

夢を解釈する書『夢解釈』において、フロイトは『オイディプス王』や『ハムレット』という演劇について考察する。他方、『悲劇の誕生』という演劇を論じる書において、ニーチェにとっては、夢が演劇を解明するための鍵となる。夢と詩人、そして戯曲との関係において、フロイトの考察は再びニーチェと呼応する。

『悲劇の誕生』の巻頭近くで、ニーチェは、ヴァーグナーの『マイスタージンガー』でハンス・ザクスが歌う詩を引用する。

　我が友よ、詩人の業《わざ》とは、
　まさしく、おのが夢を解き明かし、書き記すこと。
　まことに、人間のもっとも真なる妄念も
　夢のうちであらわとなる。
　あらゆる文芸や詩は
　真なる夢の解釈にほかならぬ。(1)

この詩の作者はヴァーグナーであって、ニーチェ自身の手になるものではない。しかし、『悲劇の誕生』はそもそもヴァーグナーに捧げられた書である。そして、この書の第一章の二頁目に置かれたザクスの歌は、著作全体の展開を規定する。また、後述のようにフロイトにとって、ソポクレスの『オイディプス王』は、まさしく「夢を解き明かし、書き記す」ことによって成立した作品であった。他方、ニーチェにとっても、悲劇を含め「あらゆる文芸や詩」は、夢の解き明かしによって成り立つものだったのである。フロイトにとっても、ニーチェにとっても「夢は泡沫《うたかた》」ではなかった。夢は「真なる」ものであり、それは「解釈」を求めていた。

ザクスの歌の引用に続いて、ニーチェは、夢においては、「とるに足らぬもの、不要なものなどなにひとつとしてない」(2)と書く。一見、ささいで「不要」とも思えるような微細な部分に注目しながら、夢を分析し、「解釈」するのがフロイトの方法だった。『夢解釈』では次のように述べる。

> 注意力の対象としうるのは、ひとまとまりの夢ではなく、夢の内容の個々の部分のみである「中略」。まだ訓練を積んでいない患者に、この夢についてどんなことが思い浮かびますか、と尋ねても、通常、患者は精神的な視野のなかに何も捉えられない。私は、その夢をばらばらにして患者の前に差し出さねばならない。すると患者はそのそれぞれの部分について思い浮かんできた一連の事柄をもたらしてくれる。(TD.1.129)

そのようにして「ばらばらにして患者の前に差し出」された「個々の部分」には、ニーチェの言うとおり、まさに「とるに足らぬもの、不要なものなどなにひとつとしてない」のである。あらゆる微細な断片から折れ曲がる道をたどっていくと、やがて夢の核心へと達する。そして、夢の「個々の部分」から患者が連想することを通じて、フロイトは、人間の「妄念（Wahn）」を明らかにしようとする。ニーチェは精神分析という術語を知るよしもなかった。フロイトがそれをはじめて用いた一八九六年にニーチェはすでに理性を失った状態にあり、知的活動は停止していた。しかし、ニーチェとフロイトのあいだには、驚くべき一致がある。

両者の一致をさらにたどってみよう。ハンス・ザクスにとっての「詩人の業」、すなわち「おのが夢を解き明かし、書き記すこと」は、はまさに精神分析家の「業」でもある。『夢解釈』で、フロイトが最初に分析するのは「イルマの注射の夢」という「おのが夢」であった。そして、その分析は原書で一二頁にわたって「書き記」されているのである。フロイトはすでに婚約者マルタ宛の手紙で自分の夢の分析をしている。それはフロイトが二六歳のときだった（八二年六月三〇日付）。精神分析がいまだ何の形もなしていない頃から、フロイトは自らの夢に視線を向けていた。

ハンス・ザクスの歌を掲げるニーチェにとって、詩人は精神分析家の「業」をなす者だった。他方また、フロイトも逆に詩人の「業」に精神分析を認める。フロイトは、本書の第一章で述べたように、詩人を精神分析の「貴重な同盟者」と位置づける。イェンゼン（Wilhelm Jensen 1837-1911）の小説『グラディーヴァ』を論じるフロイトは、その前置きとしてこう述べている。

詩人たちは貴重な同盟者なのであり、かれらの証言は高く評価されるべきである。詩人たちは、私たちが机上の知識によってはいまだ夢想だにせぬ、この世の多くの事柄について知っているというのがつねであるからだ。とりわけ心の学問において、かれらは私たち凡人の遥か先にある。

> 詩人たちは、いまだ私たちの学問研究のためには切り開かれていない泉から、水を汲み上げているからである。（GW.7.33）

詩人たちは、「学問研究のためには切り開かれていない泉」、つまり、無意識という泉に湛えられた水を汲みだすことで、文芸を生みだす。そして、フロイトが『グラディーヴァ』にとりわけ驚嘆したのは、小説中の夢が、まるで現実の夢のように創作されている点であった。

「詩人と空想」で、フロイトは、詩人（言語芸術家、創造的文芸作家）の創作の源泉が空想にあると論じる。ここで、フロイトは、詩人を「白昼の夢想家」に、また、詩人の作品を空想になぞらえて考察する。そして、フロイトにとって、空想と白昼夢、さらに夜の夢はまったく同質のものである。

> 言語は、その卓越した叡智をもって、夢の本質に関する問いに、すでにずっと以前から決定的な解答を与えていました。すなわち、言語は、空想する者が作りだす空中楼閣を「白昼夢」とも呼ぶのです。（GW.7.218）

つまり、ドイツ語では空想のことを「白昼夢（*Tagetraum*）」とも言うのだから、空想は昼に見る夢と理解されており、夢と空想は本質的に同じだという認識がすでに言語表現そのものに現れているというのである。夢や空想という幻覚的な現象は、ともに欲望充足という本質を共有する。夢と空想という「私的劇場」のあいだに質的な違いはない。そして、詩人は、空想という夢に沈潜し、それを解釈することによって、「学問研究のためには切り開かれていない泉から水を汲み上げて」、作品を創造する。フロイトもニーチェも夢と文芸作品のあいだに普遍的な関係を見いだすのである。

『《グラディーヴァ》論』で、また「詩人と空想」において、フロイトは詩人について語っているのであって、ことさら戯曲作家に関して論じているのではない。しかし、文芸作品を受容するとき、登場人物や出来事に感情移入し、その世界に引き入れられていくなら、受容者の内には、これまで演劇について論じてきたのと同じことが起きる。作品が喚起する表象は受容者に現実感をもって迫ると同時に、受容者はそれが読書の体験でしかないことを知っている。エンデ（Michael Ende 1927-1995）の小説『はてしない物語』は、読書する少年が、本を読むという行為の境を越えて、本の世界の中へと入り込んでしまう物語である。少年は読んでいる物語の主人公となり、ファンタージエンの住民とともに数々の冒険を体験する。夢中になって本を読み、我を忘れ、その世界に没入することが、読書体験の理想型なのかもしれない。しかし、エンデの物語のようなことはもちろん現実には―いちおう健全な状態にある限り―起こらない。読書する受容者は幻想を享受するのであり、受容者の内には「私的劇場」が開演する。

夢を解き明かす詩人の作品は、それを受容する者の内に、再び夢の舞台をしつらえる。こうした点において、演劇とその他の文芸のあいだに決定的な差異は認められない。「精神病質の登場人物」において、フロイトは、「抒情詩は、かつて舞踊がそうであったように、さまざまな強烈な感情を猛り狂わせて鎮めるという働きをする」（GW.NT.657）と述べる。そもそも抒情詩であれ、叙事詩であれ、もともとは朗唱されるものであった。活字化されたものが詩と一般に認識されるようになったのは、少なくとも印刷術の普及以降のことだ。抒情詩は文字に先行する。それは歌われ、そして、おそらくは身振りも伴っていた。歌う者がおり、それに多数の者が耳を傾けるというのが、詩の本源的な形であっただろう。あるいは、歌垣におけるように、多数の者が互いに歌を歌い合うこともあっただろう。それが原初的な詩でもあった。というより、さらに本源的なのは、これまで述べてきたとおり、演劇という形式である。そして、演劇から、演技的な所作が取り払われ、わずかな身振りとともに朗詠することで詩が成り立ったのだろう。逆に、言葉が失われ、演技的な所作が音楽的な動作へと変化したのが舞踊だろう。より美しい声を、あるいは、様式化した身体運動を習得した者が、職能としてそれぞれの専門を担うようになり、それがさらに芸術としての詩、あるいは、舞踊へと発展する。そうした洗練された芸術においては、当初の「さまざまな強烈な感情を猛り狂わせて鎮める」という機能は発揮されにくくなるだろう。文化の進展に伴い、芸術は洗練され、その本源から遠ざかる。しかし、芸術は美しい外観だけでは成り立たない。その内に情動を秘めるものでなければ、人を惹きつけることはできない。そして、若いニーチェはその起源の再現を夢想し、ヴァーグナーの楽劇において、悲劇の再興が実現したと確信する。

ニーチェにとって、観客の興奮をかき立て、陶酔の源泉となるのは、音楽であった。そして、その音楽的興奮の放出は形象なしには、つまり、舞台上の演技者たちなしにはありえない。観客が演技者に同一化して、そうした情動の放出が起きるとき、ニーチェの言う「陶酔」が生じる。それは情動の放出がもたらすカタルシスである(これについてはすでに論じた)。ヴァーグナーに熱狂するニーチェにとって、その楽劇はギリシア悲劇の復活であった。

今、述べたとおり、詩は歌であった。そして、音楽劇としての悲劇に限らず、音声という要素は、演劇一般に不可欠である。言葉は歌として、また、セリフとして音声化される。音と聴覚の神ディオニュソスはあらゆる演劇に顕現する。例外は無音、無声のパントマイムだが、完全な静寂は音声の追放を強調する。結果的には音声的要素への欲求がかき立てられることになるだけだろう。おどけた身振りは笑いを惹き起こすが、情動の興奮を惹起することはまずありえない。

ニーチェは、『悲劇の誕生』執筆と同時期（一八七一年春）に書かれた遺稿のなかで、次のように述べる。

> あらゆる快、不快の度合い—すなわち、私たちには見極めがたい一なる根源の表出—は、語る者の音に象徴される。他方、その他のすべての表象は、語る者の身振りの象徴法によって示される。かの根源はあらゆる人間において同一のものであるのだから、音という基底も、あらゆる言語の差異を越えたものとして、普遍的に理解しうるのである。［中略］子音と母音の全領域は、身振りの象徴法にのみ属するものと考えてよいだろう。—子音ならびに母音は、まず何よりも必要とされる音という基盤をはずして考えれば、発声器官の位置、すなわち、身振りにほかならないのである。(3)

発声された言葉が、すでに「音」、あるいは声というディオニュソス的なもの—「一なる根源」—と、発声器官の運動、すなわち、身振りというアポロン的なもの—分節的、視覚的なもの—によって成り立つ。人の発する声、音声自体は「あらゆる言語の差異を越え」ている。そして、それは身体運動によって言語へと分節される。発声された言語自体の内に、ディオニュソスとアポロンの二重性が見いだされる。二柱の神の二重性が陶酔を生むというのであれば、観客は、俳優の発する音声に陶酔することもありうる。ことさら音楽劇だけが観客に陶酔をもたらすわけではない。第一章で見たように、パリのフロイトは、サルドゥーの『テオドラ』を観劇して、戯曲そのものには幻滅しつつも、サラ・ベルナールが登場するや、その「黄金の声」に魅了されてしまったのである。ベルナールの声が放つ言葉は、音楽であると同時に、また形象として人を陶酔させる。ニーチェは、ギリシア悲劇から音楽の精が追放されることによって、近代合理主義的で無味乾燥なセリフ劇が成立したと論じる。しかし、音声が舞台上で発せられるのであれば、音楽劇としての悲劇と演劇一般とを峻別すべき必然性は認められない。セリフとして発声される音声は音楽でありうる。ドリアン・グレイの言うように、人の声は音楽として「人の心をかき乱す」[(4)]のである。

夢の解釈によって、夢の形象は言語化され、戯曲が生まれ、演劇が成立する。戯曲の内容は夢に由来する。文化の進展とともに演劇は洗練され、舞台では、理知的で、美的な言葉が交わされる。しかし、演劇は詩（文芸）や舞踊という表現形式に先行するのであり、その源である。他の形式の統合によって演劇が成り立ったのではなく、源泉としての演劇からいくつかの要素が失われることによって他の芸術表現が成立したと考えるべきだろう。フロイトもニーチェも歴史学的に、あるいは考古学的に演劇の発生を跡づけているわけではない。しかし、二人の記述から想定されるのは、最初に祭儀があり、それが演劇に姿を変え、さらにその過程で、そこから詩の朗詠や舞踊という表現形式が分化していったという流れである。演劇の源は、系統発生的に祭儀にあり、個体発生的には子どもの遊戯にある。その意味で、演劇という表現形式は原始的、幼児的であり、より根源的である。詩や舞踊において、受容者が自らの知性と感性によって補わねばならないものを演劇は形象と音声によって直接的に提供する。そうした表現形式ゆえに、演劇は「さらにより深く情動の可能性の内へと入り込」むことができる。しかし、また他方、内容面において、夢の解釈として創造された演劇でなければ、観客の無意識的な情動を揺り動かすことはできないだろう。人間の情動の秘密を探ろうとするフロイトやニーチェにとって、夢や、「真なる夢の解釈」としての演劇がその道しるべであった。

二、循環する夢と演劇

「精神病質の登場人物」では、すでに述べたバールの劇のほかに、ギリシア悲劇、イプセンの作品などが考察の対象とされるが、なかでも『ハムレット』について、かなり詳しく論じられている。これは『夢解釈』における『ハムレット』の分析に基づく考察である。フロイト自身、自分の『ハムレット』論にはおおいに自信があったらしく、一九一四年の「ミケランジェロのモーセ像」でも、精神分析によって「はじめてこの悲劇の作用の謎が解き明かされた」(GW.10.174)と自賛している。また、一九二五年の『自らを語る』でも、同じ趣旨のことを述べている(GW.14.89)。フロイトは、『ハムレット』に隠蔽されたオイディプスの葛藤を見る。『夢解釈』では、無数の文芸作品に言及されるが、しかし、精緻な分析の対象となるのは、『オイディプス王』と『ハムレット』という二つの戯曲である。夢を論じるこの書において取り上げられる文芸作品が、二つの戯曲であることは示唆に富む。
『ハムレット』は一種の夢とともに幕の開く演劇である。現実には亡霊など存在しないという立場に立てば、現れた父の亡霊は、ハムレットと彼を取り巻く人々の幻覚、白昼夢と考えねばならない。自らを殺めたのは、弟であったと告げる亡霊の言葉をハムレットから聞いて、友人ホレイショーは言う。

殿様、そんなことを言うためにわざわざ亡霊が、墓場から現れるには及びませぬ。(第一幕第五場)

There needs no ghost, my lord, come from the grave
To tell us this.

無意識という墓穴から現れるのが亡霊である。しかし、自らを殺した者が、妻までも奪ったという父の告知は、ハムレット自身、すでになかば意識的に知っていたことである。

ああ、思ったとおりだ!叔父なのだ!(第一幕第五場)

O my prophetic soul! My uncle!

それは、ホレイショーの言うように、本来「わざわざ亡霊が、墓場から」出て来て告げるまでもないことだった。確かにハムレットはなかば知っていたにせよ、『ヒステリー研究』でフロイトが言う「何かを知っていながら同時に知らないという奇妙な状態」(SH.181)にあった。彼自身、その事実を知ることを欲してはいなかった。その事実は自らの抑圧された欲望―父を殺し、母を娶る―に連鎖していたからだ。叔父はハムレットの無意識的な欲望を成就した男である。劇全体が、この無意識的な欲望への反応として展開する。フロイトによれば、ハムレットは、一般に言われるのとは違い、行動的な人物である。『夢解釈』から引用する。

私たちは、ハムレットが行為する者として登場するのを二度にわたって目にする。一度はぱっと燃え上がる激情に任せて、垂れ幕の向こうに潜む間諜を刺し殺す場面、二度目は、自分を殺そうとしていた二人の廷臣を、逆にルネサンスの王子の決然とした態度で亡き者にする場面である。（TD.1.340）

この勇猛果敢でもあるハムレットが復讐に踏み切ることだけは逡巡するのである。それは「自らが罰すべき罪人と同じくらい自分自身もまた罪深いのではないかと己《おのれ》を責める良心の呵責」（TD.1.341）のせいだ。ついに復讐を成し遂げたのち、自らを罰するかのように、ハムレットは命を失う。一種の夢をもって始まるドラマは、『オイディプス王』と同じ自己懲罰で幕を閉じる。

オイディプス・コンプレックスがフロイトの精神分析の根幹を形づくることは、周知のとおりだ。『夢解釈』において、フロイトは、オイディプスの葛藤の偏在性を論証する。しかし、その際、フロイトがその論拠とするのは、オイディプス伝説そのものではなく、それに基づいて創作されたソポクレスの戯曲『オイディプス王』である。オイディプスの伝説を悲劇に翻案したソポクレスの独創性は、高津春繁が述べるように、「王の秘密の素性探索の経路」[(5)]にあった。伝説が継起的にことの次第を物語るのに対し、『オイディプス王』においては、出来事はすでに終わっており、過去の探索が悲劇を形づくる。そして、フロイトが注目するのも、まさにその点である。『夢解釈』で、フロイトは、『オイディプス王』の冒頭近くに置かれたオイディプスの呟きを引用する。戯曲の冒頭で、疫病に冒されたテーバイの町を救うには、ライオスを殺めた罪人を罰せねばならぬという神託が下る。その知らせを受けると、オイディプス王は、「して、その者どもはいったいどこにいるのだ。古い罪の辿り難い足跡をいずくに求めればよいのか」[6](高津春繁訳)と呟く。フロイトが引用するのは、ドンナー(Christian Donner 1799-1875)によるドイツ語訳である。

》Wo findet sich
die schwer erkennbar dunkle Spur der alten Schuld?《[7]

右の高津訳の引用文中の「足跡」にあたるSpur(痕跡)という語は、ほぼ、その同義語として用いられるReste(残余)とともに、フロイトの精神分析のキータームに属する。[8]そして、過去の出来事の「見分けがたく不明瞭な痕跡(die schwer erkennbar dunkle Spur)」を見極めながら、「古い罪」を「探索する経路」を辿るのがまさしく精神分析である。フロイト自身、「オイディプス自らがライオスの殺害者であり、また殺されたライオスとイオカステの息子であること」が、戯曲のなかで明らかにされていく様は、「精神分析の作業にもなぞらえることができる」(TD.1.336)と述べている。フロイトが伝説のオイディプスをあえて無視した理由が何であれ、[9]戯曲『オイディプス王』にこだわったのは、まさにこの悲劇において、精神分析の仕事がなされていて、戯曲が、あたかも精神分析と絡み合うようにして、人間の宿命を描き出しているからであるにちがいない。人間存在の根源を極めようとするフロイトにとって、西欧文化の始原のところに位置するこの古典は、自らの方法の正当性を裏づける演劇であった。

フロイトはさらに、「オイディプス伝説が太古の夢を原材料として［中略］芽生えてきたことについては、ソポクレスの悲劇それ自体の本文のうちに誤解しようのない示唆がある」（TD.1.338）と書き、次のように述べる。

> オイディプスがまだ事態を悟ってはいないが、しかし、神託の言葉を想い起こして憂えていたとき、イオカステは実に多くの人々が見る夢のことを話して彼を慰める。イオカステによれば、そんな夢には何の意味もない。
>
> これまでに大勢の者が、
>
> 母と臥所をともにする夢を見てきたのですから。でも、そのようなことをまったく気にかけぬ者が、気楽に人生の荷をにないます。（九九五行以下）。（TD.1.339）

コフマン（Sara Koffman 1934-1994）は、これについて、「フロイトのうちには、悲劇によって夢の意味を、夢によって悲劇の意味をという具合に、相互的で循環的な基礎付けがあることになる」[(10)]と述べている。夢は伝説を生み、その伝説が文芸作家によって戯曲化される。そして、その戯曲はそれ自体のうちで夢という源泉を指し示す。しかし、この「循環的な基礎付け」はイオカステの言葉によってのみ裏付けられるのではない。フロイトは『夢解釈』において、周到な準備に基づいて、ソポクレスの『オイディプス王』を導き出している。

『オイディプス王』について論じられるのは、『夢解釈』第五章の(d)「類型夢」の節である。類型夢とは「ほとんどすべての人が同じように体験してきた若干数の夢で、通常、私たちは、それらの夢がどの人においても同じ意味をもつと想定する」(TD.1.308)という種類の夢である。その種の夢として、この節では最初に「裸体困惑夢」(TD.1.309) が取り上げられる。夢の中で、見知らぬ人たちを前にして裸体でいるとか、きちんと衣服を身につけていないせいで、「恥や困惑を感じ、逃げだそうとか、身を隠そうとしても、その際に奇妙な抑止を受け、その場から動けなくなり、苦痛な状況を変えられない」(TD.1.309) というのが「裸体困惑夢」である。個人的な体験によって、千差万別の変形があるにしても、こうした夢は「類型夢」として、同種の文化を共有する「ほとんどすべての人」が体験するというのである。

フロイトはこの種の夢を、裸でいても恥ずかしい思いはせず、むしろ束縛的な衣服からの解放を感じていた幼児体験と結びつける。幼児のときは悦ばしい解放の体験であっても、成人が人前で裸体をさらすことは禁忌であり、それを犯すと時には犯罪として罰せられる。少なくとも、一般には恥の感覚なしに脱衣状態を他人に見せることはできない。これは着衣を生活の規範とする文化圏に生きる者に共通する感覚である。幼児期の衣服からの解放感が成人の夢で想起されるとき、それは確かに幼児期の欲望を充足する夢ではあるが、欲望充足は恥の感情に転化する。フロイトの指摘によれば、ちょうどそれはアンデルセン (Hans Christian Andersen 1805-1875) の童話「裸の王様」と同じ状況である。王様は自分が下着しか身につけていないことを知りながら、しかし、知らぬふりをして、人々の前に姿をさらす。衣服の拘束からの解放という欲望は充足されるが、それは、大人になる過程で身につけた道徳観念からすればけっして許されない欲望充足である。夢は欲望を充足しながらも、夢見る人に困惑と恥という罰を与える。アンデルセンを引き合いに出すフロイトは、布を織るふりをする「詐欺師は夢であり、王様は夢見る人自身である」（TD.1.311）と言う。さらに、フロイトは「最近その童話はL・フルダによって『護符』という戯曲に改作された」（TD.1.311）と付言して、夢と演劇を結びつける。『護符』は一八九二年に創作され、翌年ベルリンで初演されたフルダ（Ludwig Fulda 1862-1939）の戯曲である。フロイトは夢が文芸創作の源泉であると想定する。そして、「こうした類型夢と童話やその他の文芸の素材との関係が散発的、偶然的な関係でないのは確実だ」（TD.1.314）と断言するのである。

こうした立場に立って、フロイトはアンデルセンに言及したのち、さらにケラー（Gottfried Keller 1819-1890）の長編小説『緑のハインリヒ』に論及する。この小説のなかで、「裸体困惑夢」のことが話題に上る箇所がある。フロイトによれば、作者ケラーはこの種の類型夢の意味を正確に洞察しているのである。

　文芸作家は、一般には自ら夢から文芸への変換過程の道具となる。ところが、ときに文芸作家の慧眼はその変換過程を分析的に認識し、逆の方向でそれをたどることも、すなわち、文芸から夢へとさかのぼることもある。（TD.1.314f.）

ケラーは、『緑のハインリヒ』のある登場人物に、オデュッセウスとスケリア島のナウシカアの伝説について語らせる。流浪の身のオデュッセウスは何も身にまとわず、スケリア島に流れ着き、王女ナウシカアと腰元たちに見つけられる。ケラーの登場人物はこの伝説と、故郷を離れてさまよう者が、故郷を懐かしみながら眠りについたときに見る夢とを結びつける。夢見る者は、故郷で暮らした、幸福な幼年期のことを想い起こす。そこへと戻りたいのだが、それは自ら捨てた場所であり、そのやましさは消えない。故郷を捨てた者にとって、帰郷という欲望を充足する夢は、ただただ幸せな夢とはなりえず、ちょうどスケリア島に漂着したオデュッセウスのような姿をした自分が現れる夢に—フロイトの術語で言えば「裸体困惑夢」に—なるだろうというのである。作家はあくまで小説を書いているのであり、けっして「分析的」に「変換過程」を表現してはいはない。しかし、フロイトの言うように、ケラーが文芸の源泉としての夢の意味を認識し、作品中で「逆方向でそれをたどる」ことを実践しているのは確かだ。

第五章の(d)の節で取り上げられるもう一つの類型夢が近親者の死を内容とする夢である。それはもう一方の近親者と性的な交わりをもつ夢と結びつき、最終的にオイディプスの夢へとつながる。しかし、両親との関係を論じる前に、まずフロイトは兄弟姉妹との関係を表現する夢の分析から取りかかる。そのなかでフロイトはある女性の次のような夢を紹介する。

たくさんの子どもたちが野原で駆け回っています。それはみんなお兄さんとお姉さん、従兄姉《いとこ》たちです。突然みんなに翼が生えて、飛び立って、誰もいなくなってしまいます。(TD.1.324)

フロイトはこの夢について「これが兄弟姉妹全員の死の夢であり、それも、検閲による影響をあまり受けていない、原初的な形をとった夢であることを識別するのは私たちにとってむずかしくはない」(TD.1.324)と述べる。子どもたちにはみんな天使の羽が生えて、飛び去ってしまうのである。さらに続けてフロイトは書く。

子どもたちが野原を駆け回り、そして、そこから飛び去るというのは、まず誤解の余地なく、蝶を指し示す。あたかも、この子どもは、蝶の羽をつけたプシュケを古代人に造形させたのと同じ想念のつながりをたどっていったかのようだ。（TD.1.325）

古代ギリシア語のプシュケが意味するのは、蝶であり、また、魂、心である。この女性の夢は神話の生成を跡付けている。古代の人々は、人が死ねば魂となることを願い、しかし、姿、形のない抽象的な魂は思い浮かべることはできず、野を舞う蝶を魂に見立てたのだった。そして、フロイトは、この女性が見たような類型夢が神話生成のきっかけだったと考えるのである。

アンデルセンの「裸の王様」も作家の純粋な創作ではなく、スペインに伝えられた伝説の翻案である。ケラーも小説でオデュッセウスの伝説を引き合いに出す。夢が神話を生み、神話が伝説として伝承され、それに基づいて文芸作家が作品を創作し、そしてその創作において、その起源となった夢の意味を解き明かす。そこには確かにコフマンの言う夢と文芸との「相互的で循環的な基礎付け」が見いだされる。

三、「別の舞台」

アンナ・Ｏ／ベルタ・パッペンハイムの「私的劇場」という表現に呼応するかのように、フロイトは、『夢解釈』において、精神物理学者フェヒナー（Gustav Theodor Fechner 1801-1887）の「夢の舞台は覚醒時の表象生活の舞台とは異なる」という考えに二度にわたって言及し、また、『精神分析入門講義』（一九一六～一七年、以下『入門講義』）でもこれを紹介している（GW.11.86）。フロイトは、覚醒時におけるのとは「別の舞台」での出来事として夢を捉え、演劇にかかわるこの比喩を手がかりとして心的装置の構造的な解明を試みる。フロイトにとって、演劇が、夢を、また人間の心を探求する上でのメタファーとなる。まず、フェヒナーの「別の舞台」に関して確認しておこう。

フェヒナーは、『精神物理学要綱』で次のように書く。

私は、夢においては、その舞台も、覚醒時の表象生活の舞台とは別のものであると推測する。［中略］もしそうでないとするなら、私には、覚醒時の表象生活とは関連のないものとして夢の生活が現れてくるということ、そして両者が本質的に異なった性格を有するということを、どう説明すべきかわからなくなってしまう。また、もし覚醒中の精神物理的活動と睡眠中の舞台が同一のものであるなら、夢は覚醒時の表象生活の継続で、単にその強度の度合いが低下したにすぎないことになる。さらに、夢は、その素材や形態を、覚醒時の表象生活と共有することにもなろう。しかし、実態はまったく異なるのである。(11)

こうしたフェヒナーの考察について、フロイトは、『夢解釈』第一章で、「夢と覚醒時の生活の本質的な違いを誰よりも強く強調し、そしてそこからもっとも広範囲にわたる結論を導き出したのは［中略］G・Th・フェヒナーである」（TD.1.60）と述べる。しかし、続けてフロイトは、「心的活動の場をこのように移動させることで、フェヒナーが何を言わんとするのかはどうもはっきりしない」（TD.1.60）と付言している。夢の問題に限らず、フロイトはフェヒナーから多大な影響を受け(12)、「偉大なフェヒナー」（TD.2.229）とも呼ぶ。フロイトは、フェヒナーとともに「夢においては、その舞台も、覚醒時の表象生活の舞台とは別のものであると推測する」のであるが、しかし、同時に精神物理学という立場に立つフェヒナーと、精神分析を創始するフロイトの立場は、根本的には相容れない。

フェヒナーはこう書いている。

［夢においては］外界からの感覚が閉ざされて精神物理的な活動が単に低下するのではなく、むしろ、あたかも理性的人間の脳から愚か者の脳へと精神物理学的な活動が移っていくかのようだ。しかしながら、両者の脳、あるいはむしろ、脳の二つの部分は、直接的につながっており、運動そのものがつながっていて、一方から他方へと連続するのであるから、そのあいだには、全般的な心的連関が存続するのである。(13)

フェヒナーにとって、夢が演じられる「別の舞台」とは、脳の別の部分であった。フェヒナーは、脳内で理性を司る部分で覚醒時の心的活動が営まれ、それとは別の理性の及ばぬ部分で夢が演じられるものと考える。二つの部分は関連し合うが、質的に異なる部分である。しかし、まず確認しておかねばならないのは、そもそも「脳の二つの部分」といった、解剖学的な観点は、すでにフロイトの関心の埒外にあったということだ。

フロイトは、精神分析創出以前に書かれた『失語論』（一八九一年）で、脳神経の解剖学的な局在論と、心的機能の局在論を混同する当時の神経学者を批判する。言語運用というきわめて複雑な心的機能を、揺籃期の、いまだ未発達段階の脳科学に還元することには無理があると考えたのである。三十代半ばの少壮神経学者であったフロイトは、この書において、心の運動を生理学的な神経の作用のみに従属させる神経学に別れを告げる。もちろん、脳科学は脳科学として試行錯誤を重ねながら、発展を遂げ、現在に至り、さらに進化し続けるだろう。やがては、脳と心の関係が十全に明らかにされるかもしれない。しかし、それはまだ遙かな未来のことだろう。まして、一九世紀の科学の発達段階でそれは望みえないことだった。そして、フロイトは、神経学への告別によって、人間の心の問題をそれ自体として論じるという方向性を得る。そこに精神分析創出の契機があった。それに対して、一八六〇年のフェヒナーは脳の局在論から心的作用を説明する視点に立つ。『夢解釈』を執筆するフロイトはそうした観点をすでに脱却していた。「表象や想念、また心的形成物全般は、けっして神経系における器質性の要素として局在化させてはならない」(TD.2.317)とするのが『夢解釈』の立場である。フロイトが、フェヒナーとの根本的な立場の違いを認識していたのは当然のことだが、しかし、にもかかわらず、フロイトは「偉大なフェヒナー」にこだわり続ける。脳に関する局在論の立場は離れても、フロイトは「心的局在」(TD.2.229f.)という観点から心の構造を明らかにしようとする。フェヒナーの発想はフロイトにとって手がかりとなりえたのである。

フェヒナーは、前頁の引用文中で覚醒時の心的活動と夢における心的活動がつながっており、関連し合うという見解を表明している。この見解において、フェヒナーは、夢を論じる大多数の同時代の研究者とは異なった立場に立つ。フロイトが『夢解釈』の第一章で紹介するように、当時の自然科学における主流的見解によれば、夢は「音楽の心得のまったくない人間の一〇本の指が楽器の鍵盤の上を走り回っているようなもの」(TD.1.100)であり、そこに意味など見いだしようもなかった。つまり、当時の自然科学者にとって、夢は睡眠中のまったくでたらめな脳の顫動から生じる雑音のごときものでしかなかったのである。それに対して、フェヒナーは、覚醒時の心的活動から夢への移行は、「理性的な人間の脳から、愚か者の脳への」移動のようだとしながらも、なおそこに「全般的な心的連関」の「存続」を見いだしている。夢において心的活動の継続を認める点では、フェヒナーは当時の夢研究の主流から逸脱する。そして、まさにその点において、フェヒナーの見解はフロイトの立場に通じる。夢が「その素材や形態を、覚醒時の表象生活と共有」してはいないにせよ、「素材や形態」とは違う面において、覚醒時の心的活動の継続であるならば、夢は解釈の対象となりうる。『夢解釈』の第二章で、自説を展開し始めるにあたって、フロイトは次のように述べる。

「夢を解釈する」とは、その「意味」を述べることである〔中略〕。そしてそれはまた、夢をあるものによって置き換えることでもある。そのあるものとは、私たちの心の活動の連鎖のなかに他とまったく同じ重みと価値をもってはめ込まれる鎖の輪でなければならない。(TD.1.121)

夢の「解釈 (Deutung)」の前提は、夢が心的活動としての「意味 (*Bedeutung*)」をもつことだ。そして、覚醒時の心的活動が夢に連続し、さらに、その連続性にはまったく途切れはないという前提に立って、フロイトは夢の解釈に取りかかる。フェヒナーの言う「愚か者の脳」への移し替えというのでは、心的活動に欠陥が生じることになってしまうだろう。しかし、夢の解釈の結果として明らかになったのは、睡眠時の心的活動において、人は「愚か者」になりはしないということだった。その点でフロイトはフェヒナーと立場を異にするように見える。ところが、フェヒナーは『精神物理学要綱』の先の引用と同じ頁で前言に訂正を加えている。

睡眠中に精神物理学的活動がなされる場は［中略］愚か者の脳になぞらえるよりは、幼児か野蛮人の脳になぞらえるほうがずっと適切である。(14)

ここでフェヒナーの言う「脳」を「心」に置き換え、「夢は幼児の心的活動への退行である」と言い換えれば、それは『夢解釈』のフロイトの立場に一致する。成人し、立派な大人になっても、あらゆる人間の内にはなおも幼児が潜み、幼児期の想い出が宿る。そして、睡眠とともに夢において幼児が目覚めるというのがフロイトの発見だった。さらに夢の思考法と「野蛮人」のそれを結びつける見地は、フロイトの『トーテムとタブー』を先取りする。この書において、フロイトは未開の人々の思考法に夢の思考法を見いだすのである。やはり、フェヒナーは、フロイトにとって「偉大なフェヒナー」であったと言わねばならない。

フロイトは『入門講義』でも、直接の引用はしていないが、明らかにフェヒナーの「理性的な人間の脳から愚か者の脳へ移っていく」という言葉を意識して、「［夢において］本来、心的活動が低下しているということはありません。天才と比較した場合の精神薄弱者の心的活動のようなものではないのです」（GW.11.86）と述べる。そして、この箇所に続いて、フロイトは、再びフェヒナーの「舞台」に言及している。

［覚醒時の心的活動と夢における心的活動とは］質的に異なってはいるのですが、どこに違いがあるのかを言うのは困難です。G・Th・フェヒナーは、夢が（心の中で）演じられる舞台は、覚醒時の表象生活のそれとは異なるものであるという推測を表明したことがあります。私たちにはこの言葉の意味は理解できませんし、この言葉によって何を考えるべきなのかはわかりませ

ん。しかし、これは私たちがおおかたの夢から受ける奇異な印象をうまく言い表しています。（GW.11.86）

夢に関する考察において、フロイトはフェヒナーの舞台が異なるという表現のみを救い出そうとする。『夢解釈』では、舞台が異なるという言い回しについて「フェヒナーが何を言わんとするのかはどうもはっきりしない」と書き、また、『入門講義』ではその意味は理解できず、それによって何を考えるべきなのかもわからないと述べる。フェヒナーは脳の局在論という立場にあり、解剖学的に把握した脳という観点で舞台の移し替えを考えようとする。しかし、脳の活動領野が、覚醒時と夢見の際でどう変わっているのかは、当時の脳科学の段階では明らかにしようがなかった。すでに脳の局在論から離れたところにいるフロイトはフェヒナーとは立場を異にする。しかし、「別の舞台」という言い回しは、フロイトにとって、夢から受ける「奇異な印象をうまく言い表す」だけではない。「別の舞台」と言われるとき、そもそも夢は舞台上の出来事として把握されているのである。フロイトはフェヒナーとともに夢を演劇として理解する。

四、演劇としての夢

「別の舞台」という観念にこだわるフロイトが、夢を演劇と結びつけて思い描いていたことは確かだ。しかし、夢が演劇であるためにはまた別の条件が満たされていなければならない。つまり、すでに前章で確認したように、「冷静な観察者」としての見物人なしに演劇は演劇として成り立たないのである。アンナ・Oの言う「私的劇場」において、空想する者の精神に分裂が生じる。劇場は、観客席と舞台から成り立つ。空想する者の心は、舞台上で演じられる出来事と、舞台を見物する観客に分裂する。そして、舞台を舞台たらしめるのは、「冷静な観察者」としての観客、つまり舞台上の出来事に熱中しながらも、それが芝居にすぎないことを認識している観客の存在である。夢において、そうした見物人は存在しうるのだろうか。

『夢解釈』第一章「夢の問題に関する科学的文献」は、夢に関する先行研究の紹介にあてられている。フロイトのような観点から夢を考察する研究はそれ以前にはなかったので、そこからはあまり実りある成果は得られなかった。とはいえ、フェヒナーをはじめ、数多くの文献が参照され、それがのちの論述に利用されている。第一章でフロイトはシュピッタ（Heinrich Spitta 1849-1929）の説を紹介する。シュピッタはテュービンゲン大学教授で、哲学者で心理学者であった。フロイトは次のように述べる。

シュピッタ［中略］の表現を借りると、夢はある観念をドラマ化するのである。この側面における夢の特徴は、次のことを付け加えて、はじめて完全なものとなる。すなわち、夢の中で人は、通常―例外はあるが、それについてはとくに取り上げて解明せねばならない―考えているのではなく、体験していると思い違える。つまり、幻覚をまったく信じ込んでそのまま受け入れるのである。自分は体験などしておらず、特異な形式で思考していただけだ―あれは夢だった―という批判が頭をもたげるのはようやく目覚めのときになってからだ。この性格によって、真の睡眠中の夢と白昼の夢想とが区別される。（TD.1.62f.）

「夢はある観念をドラマ化する」というシュピッタは、まさに夢を演劇として把握している。そして、これを受けてフロイトが補足として述べる「夢の中で人は、通常［中略］考えているのではなく、体験していると思い違える。つまり、幻覚をまったく信じ込んでそのまま受け入れる」という見解は、じつはまたシュピッタの見解でもある。『睡眠状態と夢見の状態』でシュピッタは次のように書く。

> 夢見る者には、表象像を［中略］自らの空想の戯れと認識し、冷静に検証する観察者としてそれらの像に向き合う能力はない。夢見る者は何かを思い浮かべるだけなのに、その表象のとおり行為していると思い込むのである。[15]

このように「ドラマ化」に関する両者の見解は一致する。しかし、二人の見解からすると、むしろ、夢は演劇としては成り立たないことになる。「幻覚をまったく信じ込んでそのまま受け入れる」という事態は、前章で述べたシュレーバーのパラノイア状況である。そうであるならば、夢を見るときに、アンナ・Oの言う「冷静な観察者」はいない。実際、シュピッタは——言い回しまでほぼ一致するのは不思議だが——夢において「冷静に検証する観察者」はいないと断言するのである。観客が不在であるなら、演劇としての夢は成立しない。ここでフロイトは、夢見る者は表象を現実と取り違えるという点を強調する。確かに、夢の中で、自分は夢を見ているのだと認識されることはあるが、それは「例外」とされるのである。

フロイトは右の引用で、そうした「例外」については「とくに取り上げて解明せねばならない」と述べる。そして、自分に向けたこの要請を受けて、第六章「夢の仕事」で、フロイトは、多くの人々が共有する夢の中での体験に論及する。つまり、夢を見る人の内で、これは夢だという認識が生じることがあるというのである。こうした事態には、シュピッタも言及しており、[16] そもそもすでにアリストテレスが指摘していることでもある。[17] しかし、他の論者とは違い、フロイトは単にその事実を述べるにはとどまらず、それについて分析し、そのことによって夢の機能を明らかにする。フロイトは、第六章の「二次加工」の節でこの問題を取り上げる。夢見る人が「これはただの夢だ」と判断するのは、夢の中で耐え難いまでに恐怖や不快感が高まるときだ。フロイトは次のように述べる。

> 夢の中で「これはだってただの夢じゃないか」という批判がなされることはそれほどまれではない。この批判は何を意味するのだろうか。それは、私が覚醒時にも行使できるような、夢への実際の批判なのである。また、こうした批判が覚醒の前触れであることもよくある。それよりも頻繁なのは、その前触れに先だって苦痛な感情が生じ、そしてその後にこれは夢の中のことだと確かめて、落ち着きを得るという事態だ。(TD.2.179)

フロイトは、夢の中で「これはただの夢だ」という判断を下すことによって、さらに夢を見続け、眠りを持続しうると論じる。

> 夢は眠りの番人であり、その妨害者ではない。(TD.1.229)

睡眠中に頭をもたげる欲望を幻覚的に充足し、そのことによって眠りを保証するのが夢の機能である。睡眠中の喉の渇きから、水を飲みたいという欲望が生じ、実際に水を飲むために覚醒が訪れようとするとき、夢は「たっぷりと水を飲む」(TD.1.159)という幻覚を眠っている人に与える。夢は「おまえはもう好きなだけ水を飲んでいるのだから、まだ起きなくてもいいじゃないか」と説き伏せようとする。喉の渇きがそれほどひどくなければ、幻覚だけで満足して、眠りはそのまま持続するかもしれない。やはりそれでは我慢できず、ほんとうの水が欲しくて、目を覚ます場合でも、ほんの数秒であれ、眠りは延長される。その意味で「夢は眠りの番人」なのである。ところが、水を飲みたいといった無害な欲求ではなく、許されざる欲望が、たとえば、日中に起きた何かの出来事がきっかけとなって「父を亡き者にしたい」という幼児的な欲望が頭をもたげ、それが夢の中で充足され、しかも、それが生々しく表現されることもある。そうした場合、その悪夢を見る人は堪えきれず、夢にうなされて目を覚ましてしまうだろう。しかし、フロイトは、そうした夢を見るとき、覚醒の直前に「これはだってただの夢じゃないか」という批判が夢の中でなされることがあるというのである。そうなると、ただの夢だとわかっているのだから、目を覚ますには及ばず、安心してそのまま眠り続けることができる。それによって夢は「眠りの番人」としての役目を果たすのである。「ただの夢だ」という批判によって、夢は眠りの持続という機能を果たす。

フロイトは、右の引用に続いて「これはただの夢だ」という批判は、「覚醒時の思考と区別しえない心的な機能」(TD.2.180) から生じたものだと述べる。その心的機能は「覚醒時の思考と区別しえない」ものであるからこそ、許されざる欲望に関して、それはまさに許容できない欲望であると認識する。しかし、またその心的機能も睡眠の持続を欲するからこそ、「ただの夢じゃないか」という判断によって、夢見る人はさらに眠り続けることができるのである。

これが、第一章でシュピッタを引き合いに出した際に言われる「とくに取り上げて解明」されるべき「例外」とされたケースだ。それはあくまで特殊な事例なのだと考えねばならない。実際、体験的に考えても、そうしたことが睡眠中に起こることはあるが、それは毎晩のことではない。フロイト『夢解釈』は第一章で例外に関する解明を要請し、それに応えて、第六章でその解明を行っているのである。ところが、第七章では、このような夢に関して、明らかにそれ以前とは異なる見解が提示されている。

この種の夢は『夢解釈』第七章―最終章―であらためて取り上げられる。「夢があまりに悪辣なものとなるとき」に言われる「ともかく放っておいて眠り続ければよい。だってただの夢なんだから」(TD.2.269)という言葉について、そこでは次のように書かれている。

> はっきりそれと言われなくとも、このことが私たちの支配的心的活動の夢見に対する姿勢を普遍妥当的に示している。私は、次のように推論せねばならない。すなわち、私たちは、睡眠状態のあいだずっと私たちが夢を見ていることを知っているのと同様、また私たちが眠っていることも知っているのである、と。(TD.2.269)

つまり、「だってただの夢なんだから」という言葉が夢の中で発せられるのは、確かに例外的なことである。毎夜、誰もが悪夢に襲われるわけではなく、また、悪夢のたびにそうしたことが起きるわけでもない。そして、人は、夢の中で、途方もない悦びや恐怖を現実だと感じている。第一章で言われた「夢の中で人は、通常［中略］考えているのではなく、体験していると思い違える。つまり、幻覚をまったく信じ込んでそのまま受け入れるのである」という見解が、一般に人が夢について思うところに近いだろう。しかし、フロイトは、夢の中で人は幻覚を現実と思い違えつつも、なおも自分の体験しているのが夢でしかないことを知っているというのである。確かに「夢にすぎない」という言葉が夢の中で発せられるのは例外的な事態だとせねばならない。しかし、眠っている人は「普遍妥当的」にそのことを知っているとフロイトは力説する。これに続けて、さらに次のように書いて、この点を強調する。

これに対する異論として、私たちの意識は自分が眠っていることを知ることはけっしてなく、また、検閲が不意打ちを食らうような特殊な機会にのみ、夢を見ていることを知るのだ、と主張されるかもしれない。しかし、こんな異論に絶対にまともに取り合ってはならない。（TD.2.269）

なにゆえ、これに対する異論に「まともに取り合ってはならない」のか、それに関する議論はない。フロイトにとって、夢が許容の限度を超えたときのみ、ある機関が目覚め、「ただの夢だ」という声を発するという説明が不合理なのは自明のことだったのである。終始、夢を見つめる観察者がいなければ、許容限度を超えたかどうかも判断できないはずだ。そうした観察者の存在によって夢見の状態はシュレーバーのパラノイア状況と区別されるのである。

夢見る人にはアンナ・Oと同じことが起きている。腕が硬直し、水が飲めず、ドイツ語が話せなくなったのは現実であり、好き好んでそんな演技をしていたのではない。わざとしているという意識はなく、ヒステリーのさなかにあっては「これは演技にすぎません」と言うことはできなかった。しかし、さまざまな症状が解消したのちに、アンナ・Oは自分の頭の中に「冷静な観察者」がいて、自分のおかしな振る舞いを見つめていたと告白したのである。そして、ブロイアーは、こうしたことは、アンナ・Oに限らず、あらゆる患者に「普遍妥当的」に認められると書く。アンナ・Oの言う「冷静な観察者」は症状が荒れ狂うときに、それを抑えることはできなかったが、しかし、観察はしていたのである。そして、その観察者は人が眠っているあいだも就眠することはない。この観察者は、夢が夢でしかないことを知りつつ、人が夢に喜悦や恐怖を感じるがままにさせておく。そのことによって眠りは持続する。しかし、夢が許容の限度を超えるとき、「これはただの夢だ」という言葉が発せられる。そして、その言葉は「覚醒時の思考と区別しえない心的な機能」によって発せられるとされるのである。

『夢解釈』第七章で断定される「私たちは、睡眠状態のあいだずっと私たちが夢を見ていることを知っている」という事態によって、夢の演劇性が成立する。一方で、虚構が虚構であることを了解する「冷静な観察者」としての観客がおり、他方、その虚構の表象がある現実感をもって観客に迫るものでなければ、演劇は成り立たない。演劇がこの二重性に基づいて成立することは、これまで繰り返し述べてきたとおりだ。夢の表象はときに圧倒的な現実感をそなえる。そして、夢見る人は自分が体験していると思い込む。しかし、それでも、それが夢でしかなく、現実ではないという判断は、夢見る人から完全に消え去ってしまうことはない。フロイトにとって、夢は「私的劇場」が開演する場である。そして、その劇場には「別の舞台」がしつらえられる。夢はその舞台で演じられる演劇である。検閲をすり抜けた夢内容があまりに悪辣なものとなれば、どこからか「こんなものはただの夢じゃないか」という野次の声が上がる。それで、内容が変更され、芝居は継続する。しかし、それ以上にけしからぬ内容であれば、上演途中で打ち切りが命じられ、夢は破れ、覚醒が訪れる。

フロイトとニーチェは、本書第二章で述べたとおり、ベルナイスという始点を共有する。そして、本章冒頭で見たように、とりわけ演劇をめぐる両者の思考には、パラレルな関係を見いだすことができる。さらに、ニーチェもまたフロイトと同じ論点に立って、夢の演劇性について考察する。ニーチェは『悲劇の誕生』の冒頭近くでこう述べる。

［夢において］私たちは形態の直接的な理解を享受する。［中略］この夢という現実こそが最高の生である。しかし、私たちはそのうちにあっても、やはり、なお、それが仮象であるというほのかな感覚をいだくのである。(18)

つねにそうした感覚があるからこそ、次のようなことも起きる。

もしかすると、多くの人々が、私と同じく、夢の中で危険に襲われ驚愕しながらも、ときおり自らを力づけて、「これは夢だ。このまま夢を見続けよう」と叫び、その通りうまくいくということがあったのではないだろうか。(19)

演劇を論じる『悲劇の誕生』という書は—そのテーマが演劇という範疇にとどまるものではないにせよ、ともかくギリシア悲劇が考察の中心を占めるこの書は—夢の考察とともに始まる。そして、ニーチェもまた、「これはただの夢だ」という夢に論及し、夢見る人は、夢を高次の現実、「最高の生」として体験しながらも、同時に、それが「仮象」にすぎず、夢でしかないことを知っていると書く。ニーチェは、夢という人間内部の本源的な演劇を始点として、ギリシア悲劇を考察する。ニーチェにとって、音楽劇としての悲劇の誕生をもたらすのは、造形芸術の神アポロンと音楽の神ディオニュソスの結合であった。ニーチェにとって、アポロンは造形芸術の神であるがゆえに、形態の神であり、さらに、形象から成り立つ夢を司る神でもある。『入門講義』でフロイトが、夢は「おおむね視覚的形象」(GW.11.86) によって成り立つと書くように、ニーチェもまた夢を形象の世界と捉える。そうであるがゆえに、夢はアポロン的なものに属する。他方、アポロンに対立する原理として、ニーチェはディオニュソスに音楽と陶酔の神を見る。そして、ニーチェは『悲劇の誕生』に「音楽の精神からの」という副題を与える。この著作にはそういった図式を見いだすことができるが、しかし、ディオニュソスとアポロンの関係は単純な二分割に還元できるものではない。悲劇は、根源的な原動力としてのディオニュソスが音楽を通じてアポロンの夢の形象を活性化することによって誕生する。前提とされるのはディオニュソスとアポロンの交わりである。そして、悲劇の母胎となる夢もまたディオニュソスの原動力があってこそ生じる。それは、フロイトの『夢解釈』の見解に一致する。

> 私たちは［中略］夢の原動力は無意識から提供されることを了解する。(TD.2.236)

夢を生じさせるのは、「盲目の意志」、あるいは無意識的衝動としてのディオニュソスであり、アポロンはそれに視覚的形象を与える神である。夢という演劇はアポロンとディオニュソスの二重性によって成り立つ。ニーチェにとって、またフロイトにとっても、夢と演劇という問題性は、緊密に結び合う。

第六章　フロイトの芸術観

一、「秘セズバ花ナルベカラズ」

先述のとおり、フロイトは「精神病質の登場人物」のなかで、シェークスピアの『ハムレット』に論究する。『夢解釈』によれば、ハムレットが叔父への復讐を逡巡するのは、叔父がハムレットの父を殺し、母を娶った人物であるから、すなわち、ハムレット自身の秘められた欲望を成就した人物であるからだ。「自らが罰すべき罪人と同じくらい自分自身もまた罪深い」(TD.1.341) という自責が、叔父への復讐を阻害する。フロイトが『ハムレット』に見いだすのは、隠蔽されたオイディプスの葛藤である。そして、フロイトは、この隠蔽という点に関して『夢解釈』で次のように言う。

『オイディプス』では、その根底をなす子どもの欲望空想が夢におけるように明るみに出され、それが実現する。それに対し『ハムレット』では、その欲望空想が抑圧を被っており、私たちは―神経症における事態に類似しているのだが―欲望空想から発する抑止作用のみを通じて、その空想の存在に気づく。(TD.1.340)

『オイディプス王』では、父殺しと、近親相姦があからさまに表現されており、これは、抑圧された欲望が噴出する悪夢であるかのようだ。そうした欲望の表現を食いとめる検閲のメカニズムは破綻しているかに見える。『入門講義』のフロイトは、「このソポクレスの悲劇が観客にむしろ憤激や拒絶を呼び起こさないことのほうが不思議なぐらいです」(GW.11.343) とさえ述べる。観客を「憤激や拒絶」から逸らしているのは、やはりこの戯曲の構成の巧みさだろう。主人公とともに、観客はあたかも探偵であるかのように過去を探り、その跡をたどる。その知的探究の末に明らかにされた真実であるからこそ、観客は主人公とともに、それを受け入れざるをえない。しかし、目を潰し、母とのあいだに生まれた子どもたちとともに登場するオイディプスに、観客が「身の毛のよだつ思いを抱いて後ずさる」（『夢解釈』TD.1.338）のも確かだ。

それに対して、ハムレットにおいては、右で言われるように、オイディプス的な「欲望空想が抑圧されたまま」なのである。しかし、幼児的な欲望空想が完全に抑圧されていれば、ハムレットは何の逡巡もなく、与えられた使命を果たすことができたはずだ。ところが、ハムレットの場合、行為をなそうとするとそれを抑止する作用が働く。そうした作用が働くのは、抑圧のほころびのせいだ。叔父の悪事を知ったがために、抑圧の機能に故障が生じ、幼児的な欲望が今にも意識に侵入しそうになる。ハムレットは、そうした心的状況のなかで、衝動的に他者に対する暴力行為には及んでも、その本来の使命を果たすことを逡巡するのである。そして、『オイディプス王』の結末が検閲の破綻によって生じた悪夢であるとすれば、こちらは、検閲による歪曲を蒙り、その内容が夢見る者にも把握しえなくなった欲望夢とみなすことができる。さらに前者では、戯曲自体に内在する精神分析が、すなわちオイディプスが自らの「昔の罪」をたどる過程が、幼児の欲望を明るみに出すのに対し、『ハムレット』においては、主人公を神経症者ととらえる外在的な精神分析がそれを明らかにする。「精神病質の登場人物」では、「ハムレットにおける葛藤は、私がはじめてそれを探り当てねばならなかったほどに、隠蔽されている」（GW.NT.660）と書かれ、また、一九一四年の「ミケランジェロのモーセ像」でも、「精神分析がこの作品の素材をオイディプスの主題に還元することによって、はじめてこの悲劇の作用の謎が解き明かされた」（GW.10.174）とその主張が繰り返されている。さらに一九二五年の『自らを語る』でも、同趣旨のことを述べている。

『オイディプス王』と『ハムレット』を隔てるほぼ二〇〇〇年の歴史の流れについて、『夢解釈』のフロイトは次のように述べる。

　題材は同じでも、その扱い方は異なっており、そのことに互いに遠く隔たった二つの文化的時代の心的生活の相違全体が現れている。すなわち、人類の情緒生活における抑圧が何百年かのあいだにどれほど進展したかをそこにみてとることができるのである。（TD.1.339f.）

こうした見解は、個体発生が系統発生を反復するというフロイトの発想に結びつく。フロイトがオイディプス・コンプレックスをめぐる考察をはじめて明らかにするのは、一八九七年一〇月一五日付のフリース宛の手紙である。『オイディプス王』と『ハムレット』についても、この手紙のなかで考察されており、『夢解釈』の論考の原型がこの時点ですでに成立していたことがわかる。この手紙でフロイトはこう書いている。

　かつて観客は誰しも、その源のところにある空想の中で、こうしたオイディプスであったのです。そして、舞台で現実となった夢の充足を前にして、誰もが抑圧の総量をもって怖気をふるい、おののきます。その抑圧の総量が、その人の幼児期の状態と、成人した今の状態を分け隔てているのです。(1)

幼児期の欲望をそのまま実現したのがオイディプスであり、「成人した今の状態」にあるのがハムレットである。そして、すでにこの手紙でハムレットは「ヒステリー症者」であると診断されている。

個体史と人類史の相関関係については、一九一三年の『トーテムとタブー』や、一九二七年の『ある幻想の未来』等で論究されるが、その萌芽はすでにこの時点で見いだすことができる。フリース書簡で言われる、個体の幼児期の心的状況と成人の心的状況を分け隔てる「抑圧の総量」は、『夢解釈』で言われる「人類の情緒的生活における幾百年間にもわたる抑圧の進展」に対応する。西欧文化の幼年期に生みだされた『オイディプス王』では、欲望空想がその内容をあらわにしたまま戯曲化されるのに対して、すでに神経症の文化が確立しつつあった時代に書かれた『ハムレット』では、その本来の内容が見分けがつかぬほどに隠蔽されている。そして、フロイトは、一方で、詩人／文芸作家を精神分析の「同盟者」と位置づけながら、他方、芸術家の本来の活動領域は、この歪曲、あるいは隠蔽の技能にあるとみなす。

「精神病質の登場人物」でも、『ハムレット』における隠蔽という問題が論じられるのだが、とりわけ、ここでは神経症者を登場人物とする演劇としての『ハムレット』に焦点が当てられている。フロイトは『ハムレット』について次のように言う。

この演劇が扱うテーマは、それまでは正常であった人間が、ある特殊な性格を帯びた使命を受けたがゆえに、いかに神経症者になり、それまでうまく抑圧されていた衝動が神経症者となった彼の内でいかにその力をふるうかというテーマである。（GW.NT.660）

さらにフロイトは、このようなテーマをもつ演劇の成功の条件として、次の三項目を挙げる。

一、主人公ははじめから精神病質なのではなく、私たちが鑑賞する筋のなかではじめてそうなるということ。二、その衝動が私たちすべてにおいて等しく抑圧されていて、この衝動を抑圧することが私たちの人格的な成長の基盤となっているのだが、他方、劇中の状況がこの抑圧を揺るがすということ。この二つの条件によって、私たち自身を主人公のなかに見いだすことが容易になる。というのは、私たちは主人公と同様の葛藤をもちうるからだ。［中略］三、しかし、さらに、意識へと至ろうとする衝動が、どれほど明瞭なものであれ、はっきりとそれが名指されないことが、芸術形態でありうるための条件となるようだ。この条件が満たされることによって、この行程は聴衆のうちで注意力がほかに逸らされているすきに完成してしまい、聴衆はわけのわからぬまま感情に圧倒されてしまうのである。（GW.NT.660）

最初の二つの条件によって、主人公への感情移入が可能となる。劇の冒頭から神経症者が舞台に登場すれば、見物する者は嫌悪を催すだけで、自分を「主人公のなかに見いだすこと」などそもそも不可能である。さらに、こうしたテーマをもつ演劇が芸術として成功するための、必須の条件として、そのテーマ自体の隠蔽が要請される。それなしに観衆が「感情に圧倒されてしまう」という事態は生じない。日本の中世の天才演劇人、世阿弥の『風姿花伝』の言葉を借りると、こう言うことができる。

秘スレバ花ナリ。秘セズバ花ナルベカラズ。

「精神病質の登場人物」で言われる「この行程は聴衆のうちで注意力がほかに逸らされている

すきに完成してしまう」という表現は、この論文の少し前に執筆されていた『ジョークとその無意識への関係』のなかにほぼそのまま見いだすことができる。ここでは、笑いを生じさせる「ジョークの補助的な技術」は、「聞き手の注意力をジョークの行程から完全に引き離し、この行程が自動的に進行する」（GW.6.169f.）[(2)]ことを意図するものであると言われている。

フロイトのジョークをめぐる考察と演劇論には、パラレルな関係が認められる。実際、「精神病質の登場人物」の冒頭でも、観劇の快感を説明するのに、ジョークが引き合いに出されている。ジョークがその効果を発揮するためには、ジョークによって表現される性的な事柄、あるいは攻撃性に対する抑止が、ジョークを作りだす側にも、その聞き手にも成立していなければならない。この抑止がなければ、そもそもジョークなど作りだすまでもなく、猥談や罵詈雑言が交わされるだろう。あるいは、ジョークが言われても、それはジョークと理解されず、笑いが生じることはない。ジョークが成功する場合には、それが言われると、聞き手の注意力は「ジョークの補助的な技術」のほうに向けられる。「補助的な技術」とは、たとえば、当意即妙に同音異義語、造語などを作り出すことだ。聞き手の注意力は一瞬そちらへと向けられる。そして、そのすきに、聞き手は、その猥褻な、あるいは攻撃的な内容を理解してしまい、その結果、「必要のなくなった抑止への充当の排出」（GW.6.171）が笑いとして生じる。ここには、鬱積した心的エネルギーの放出というカタルシス論の応用をみることができる。また、ジョークの成功の条件がその本来的な内容の隠蔽にあるという点は、演劇の成功の条件と一致する。もちろん、『ハムレット』という悲劇が笑いを生むことはない。ジョークが成功する条件は、聞き手の側に「抑止」が存在することであると言われるのに対し、演劇の成功の条件とされるのは、観衆における「抑圧」の存在である。先ほど引用した「聞き手の注意力をジョークの行程から完全に引き離し、この行程が自動的に進行する」という文に続いて、フロイトは「『無意識的に』とは言わず、『自動的に』と言うのは、私の意図によるところである。『無意識的に』という言い回しは、誤解を招きかねないからだ」(GW.6.170) という注解を付け加えている。無意識的であるのは、抑圧されたものであって、抑止を受けたものではない。抑止されるのは、なかば意識化されていながら、社交儀礼からあからさまに口にするのがためらわれる事柄である。「抑圧を揺るが」すことで無意識に運動をもたらすのが悲劇の効果であるのに対し、抑止に不意打ちを食らわせて、笑いを生むのがジョークである。両者の本質が異なるのは当然のことだ。この著書のタイトルが示す、ジョークの無意識への関係は、むしろ、その「補助的な技術」に見いだされる。理性の道具としての言葉は、いったんジョークを言おうとする者の内で、無意識に引き込まれ、夢におけるのと同じく、単に音として、また物としての扱いを受ける。その過程を通じて、同音異義語が見いだされ、あるいは、珍妙な語が作り出される。この無意識とのかかわりなしにジョークは成立しない。そして、このようにして作りだされるジョークについて、フロイトは、「私たちがジョークを聞いて何を笑っているのかは、分析的な探求によって確定できる。しかし、その当人は、ほとんどの場合、何を笑っているのか知らない」(GW.6.172) と言う。こうした考察は、人々が『ハムレット』に感動しながら、精神分析によって「この悲劇の作用の謎が解き明か」されるまでは、その当人にも、自分が何に感動しているのかがわからないという主張とパラレルな関係にある。悲劇とジョークではその効果はまったく異なる。正反対と言ってよい。しかし、フロイトのジョーク論においても、また演劇／芸術論においても、隠蔽の技術をめぐる考察が中核的な位置を占める。

二、ヘルマン・バール『別の女』

「精神病質の登場人物」で隠蔽という要素が強調されるのは、本書の第一章で述べたように、バールの『別の女』の観劇がこの論文を書くきっかけとなっていて、そして、この戯曲が神経症を隠蔽することに失敗しているからだ。

フロイトは、歴史的に見て『ハムレット』が神経症者を主人公とする最初の演劇であり、またその種の演劇のなかでもっともすぐれた作品であるとして賞賛する。とりわけ、精神病質の人物を主人公とする場合、作品創作において、それを隠蔽する技術がなければ、観客は病的な登場人物に対して嫌悪や反発を覚えるだけだ。あるいは、せいぜい何の理解も共感もないままで終わってしまうだろう。『夢解釈』で論じた『ハムレット』の成功の秘密を「精神病質の登場人物」であらためて解き明かそうとするのも、バールの作品がそれとは逆の結果に終わっているからだ。フロイトは、この論文執筆のきっかけとなった『別の女』に対しては厳しい評価を下している。

『別の女』は五幕物の悲恋の劇である。第一章で述べたとおり、バールはフロイトと面識があり、そして、『ヒステリー研究』を熱心に読んでいた。この作品がその影響下で創作されたのは明らかだ。幕が上がると、三九才の教授ハインリヒ・ヘスの別荘の広間が現れる。広間には「カケモノ」、つまり、掛け軸が飾ってあり、当時のヨーロッパ文化人の日本趣味を反映している。教授は理知的で、冷静な文化人である。その教授が、リーダ・リントという一九才のヴァイオリニストに恋をする。リーダのヴァイオリンの音がハインリヒを虜にしたのである。二人は互いに惹かれ合う。しかし、リーダにはハインリヒを受け入れることができない。アムシュルという粗野なマネージャーから離れられないのである。結局、この男と駆け落ちし、ハインリヒの前から忽然と姿を消す。その後、一時はヴァイオリニストとして大成功を収めるが、やがて心身ともに消耗し、ついにはすっかり落ちぶれてしまう。そして、ハインリヒとアムシュルがリーダの暮らす屋根裏部屋を訪れたとき、二人の前で不可解な死を遂げる。

第一幕のト書きで女主人公については、「細身で、華奢。淡いブロンドで、白っぽい微光を放っている」[(3)]と紹介され、さらに次のように書かれている。

会話をしている最中にときおり彼女の考えは別のところへ飛んでしまうようだ。いわば、遠くへ行ってしまうのである。また、耳を傾けているときには、そもそも場違いなときに、わずかに笑みを浮かべたり、おかしな具合に鼻から音を出す。それは抑えつけられたNの音のように聞こえる。[(4)]

このト書きで紹介されるとおり、リーダは心的に正常な状態にはない人物として設定されている。「考えが別のところへ飛んでしまう」、「遠くへ行ってしまう」というところは、『ヒステリー研究』のアンナ・Oについて、ブロイアーが述べる次の部分から取られているのだろう。

ほかの者が皆、彼女がそこに居合わせていると思っているときも、彼女は心の中でお伽噺を体験していた。しかし、声をかけられると、ぼんやりしている様子はけっして見せなかったので、誰もそのことは知らなかった。（SH.26f.）

また、リーダが不意に「抑えつけられたNの音」を出すというのは、『ヒステリー研究』の別の患者エミー・フォン・N夫人に関する記述からきているものと推測される。フロイトは次のように書く。

さらに彼女はしばしば語るのを中断して、とても私には真似のできない舌を打つような特異な音を出す。（SH.65）

バールが「Nの音」としているのは、もしかするとフォン・N夫人へのオマージュなのかもしれない。

このように紹介されたリーダは、第一幕でハインリヒと会話を交わすときに、すでに心的な異常性を示す。ハインリヒが従者を呼ぶときに口笛を吹くと、それに対してリーダは不可解な反応を示す。ト書きにはこう書かれている。

［リーダは］口笛に激しく驚愕し、短く低い叫び声を挙げ、真っ青になる。よろめいて、両手を後に回していすの背もたれに寄りかかって身を支える。(5)

特定の音に対して異常な反応を示すという症状は、アンナ・Oにも見られる。「彼女は、病中の全期間にわたって、強いリズムの音楽であれば、どんな音楽に対しても、神経性咳嗽をもって反応」（SH.54）したのである。ただし、ブロイアーが、こうした反応―「神経性咳嗽」とは心因性の咳である―について、その「誘因」を解明しているのに対し、[6] リーダがなにゆえにそうした反応を示すのかははっきりしない。マネージャーのアムシュルが現れるとき、口笛を吹いているので、この男の影響が暗示されてはいる。しかし、精神的に不安定になったのは、リーダの告白によれば「子どもの頃からよ。ちょうど一三歳でした」[7] ということなので、アムシュルのせいで発作が起きるのではなさそうだ。「一三歳」のときに何が起きたのかは語られていない。

リーダについてはさらに次のような描写がある。

リーダは、暑さのあまり息が詰まったかのように不意に深く息をつく。素早く上手のテーブルの後ろへ行って、飲もうとしてグラスをつかむが、驚愕する。冷たいグラスに触れると、何か汚くてネバネバしたものであるかのように、嫌悪感とともに手を離す。唇はゆがんでいる。おびえて震えながら、両手を自分の体に押しつける。そして、ようやくだんだんとたちの悪いヴィジョンから目覚めると、両手を下に垂らす。[8]

これは、すでに第三章で引用したブロイアーが報告するアンナ・Oの様子を誇張して書いたものとしか考えられない。

水の入ったグラスを手に取るのだが、それが唇に触れるや、恐水症者のようにグラスを押しのけるのだった。その際、彼女は明らかにその数秒間、放心状態にあった。(SH.45)

リーダのこうした症状が何を意味するのか、どのような過去がこうした症状を生みだすのか、戯曲から読みとることはできない。リーダの過去として言われるのは、母親が早くに死んだこと、父は厳しい人で、ヴァイオリンの練習を強いられて苦しんだこと、その父もすでに死去していることぐらいである。不幸が続いたにちがいないが、しかし、だからといって不幸な境遇にあったというだけで誰もがヒステリーになるわけではない。露骨に症状が演じられる一方で、しかし、またすべてが曖昧なままである。

終幕である第五幕で精神的にも、身体的にも弱り果てたリーダが現れる。どうしてそうなったのかは観客には理解できない。リーダはこんなふうに言う。

自分の中に二人の人間がいるというような人たちもいるのかしら。二人なの。そしてその二人が入れ替わるのよ。一人いて、もう一人いる。それで二人は互いのことは知らないの。(9)

ここでは、リーダ自身が、二重人格の状況を告白し、この劇のタイトル『別の女』の意味を解説している。そして、これもまたブロイアーからの引き写しである。アンナ・Oは「二人の自分がいて、一人はほんとうの自分だが、もう一人は邪《よこしま》なことを強いる悪い自分だ」(SH.45)と語ったという。そして、ブロイアーはそこから「患者は心的に正常な人格と精神病の人格の二人格に分裂していた」(10)(SH.61f.) と結論づける。リーダという登場人物は、ほとんど『ヒステリー研究』の中から抜け出してきたかのようだ。しかし、この登場人物の精神状態には心的にリアルな根拠づけがない。もちろん、架空の人物であり、症例報告をしているわけではないのだから、劇中で病理学的な説明をする必要はない。しかし、現実の患者を表面的になぞっただけの登場人物が観客の共感を得るはずはない。異常心理に好奇心をいだく観客ならば、こうした場面に興味を抱くのかもしれない。しかし、最初から、わけのわからぬ異常性をあらわにして登場する主人公に感情移入しうる観客はそう多くはないだろう。少なくとも、日がな一日、神経症の患者と対面するフロイトが、仕事のあとで、人工的に作りだされたヒステリー症者を舞台上に見たところで喜ぶはずはないのである。

『別の女』は、フロイトが精神病質の人物を登場人物とする際に前提とする第一条件「主人公ははじめから精神病質なのではなく、私たちが鑑賞する筋のなかではじめてそうなるということ」（本章一五三頁参照）を満たしていない。リーダは当初より精神病質の人物として現れる。また、第二の条件とされる「私たちすべてにおいて等しく抑圧されてい」る衝動ゆえに、すなわちオイディプス・コンプレックスゆえに登場人物が葛藤に陥るという条件に関して言えば、リーダがそもそも何に苦しんでいるのか、観客にはまったく理解できないのである。二つの前提条件が満たされていないのだから、第三の条件が満たされるはずはない。

バールは、日記で、一九〇五年一一月中旬のライプツィヒでの公演の後、『別の女』に関する二つの劇評が出たと書いている。これは見つけることができなかったので、内容は明らかではない。しかし、バールはこれについて「お上品な連中にはこれがわからないのだ」[11]という不満を書きつけており、否定的な劇評であったことは確かだ。一一月二五日のウィーン公演についても新聞に劇評が掲載されている。この新聞は発見できた。その劇評の冒頭には「ドイツでの上演のせいで劇作家としての名声に入った傷がウィーンで癒やされるとバールが思っていたのなら、それは大間違いだった」[12]といったことが書かれている。観客からは、野次が飛び、失笑が漏れたという。フロイトならずとも、この作品には失敗作という評価を下さざるをえないのである。

三、フロイトとシュニッツラー

バールはすっかり『ヒステリー研究』にのめり込んでしまったがゆえに、フロイトに批判されるような戯曲しか書けなかったのである。それに対し、フロイトからむしろ距離をとろうとしていたシュニッツラーはフロイトから高く評価されている。

シュニッツラーから五〇歳の誕生日を祝う手紙を受け取ったフロイトは、一九〇六年五月八日付けでその礼状を書き送る。そのなかで、フロイトは、シュニッツラーを褒め称え、「何年も前から承知しておりますとおり、多くの心理学的な、またエロティックな問題に関して、あなたと私は広範囲にわたって一致した把握をしております」[13]と書く。そして、イェンゼンに問うたのと同じく、シュニッツラーに対しても、自分が苦労を重ねて研究した末に得た「秘密の知識」を「あなたはいかにして獲得されたのでしょうか」[14]という問いを投げかける。シュニッツラーの返書は残されてはおらず、フロイトの問いにどう答えたのかはわからない。しかし、その問いに明確な答えを与えることは、イェンゼンと同じく、シュニッツラーにもできなかっただろう。こんな手紙のやりとりがあり、また、ベルク小路から、シュニッツラーが一九一〇年以降に住んでいたシュテルンヴァルテ通りまでは徒歩でも行ける距離しかないのだが、にもかかわらず、長きにわたって二人のあいだに親交はなかった。シュニッツラーの弟で外科医であったユーリウスは、フロイトのカードゲーム（タロック）の仲間で週末に顔を合わせていた。また、シュニッツラーの娘リーリ（Lili Schnitzler 1909-1928）は一二歳頃に学校に行けなくなり、個人教授を受けていたのだが、その先生はフロイトの末娘アンナ（Anna Freud 1895-1982）だった。二人の周辺にはこんな人間関係があったにもかかわらず、はじめて親しく歓談するのは、一九二二年六月のことだ。一九〇六年に二人が手紙を交わしてからすでに一六年が経過していた。

二二年五月一五日にシュニッツラーが六〇歳を迎えると、フロイトはそれを祝う手紙（五月一四日付）を書き送る。その手紙には、こうしたためられている。

あなたとの交際を求め、会話をしようという努力を、自分がなぜ何年にもわたって一度もしなかったかという問いに苦しめられていました。(15)

フロイトが見いだした、その「問い」への答えは、第一章で述べたとおり「分身への畏れ」であった。その畏れから、この作家を忌避していたというのである。さらにこの手紙で、フロイトは次のように書く。

私があなたの美しい作品を読みふけっておりますと、その詩的な外観の背後に、私が自分自身のものとして慣れ親しんできたのと同じ前提や関心、また成果を見いだしたと思ったことが再三再四あったのです。(16)

一九〇六年の手紙で表明されたシュニッツラーへの共感は二二年においても変わらない。あるいは、その一六年のあいだにもこの作家の作品を読み続けたのだから、共感はさらに強固なものとなったのだろう。そして、相手は六〇を迎え、自分ももう七〇に近づきつつあるのだから、もはや機会を逃すわけにはいかない。その年の六月、フロイトはシュニッツラーを自宅に招待する。

シュニッツラーの日記には、二二年六月一六日付で、フロイト家に招かれたときのことが書かれている。それによると「彼［フロイト］からの誕生日の祝辞、私の返事、彼からの招待」という順でことが運んだ。そこには「フロイトはとても心がこもっていた」[17]と記されている。しかし、最初は分身同士の気兼ねのせいか、どうもぎこちない雰囲気があったと推測される。日記によると、帰りにはフロイトがベルク小路から自宅まで送ってくれたのだが、そのときになってようやく「ずっと打ち解けて、個人的会話」[18]が交わされたというのである。二人が互いに好意を感じたのは確かだ。同じ年の八月一六日にもシュニッツラーはベルク小路を訪れている。日記には「彼［フロイト］はその人柄全体で私を惹きつける」と書かれている。

両者はユダヤ人であり、ウィーンで育ち、ウィーン大学医学部の先輩、後輩の間柄にあった。二二年六月一六日の歓談でも、医学界の共通の知人のことが世間話の話題となったという。そして、若手の医師であった頃、二人はともに精神医学に関心を抱いていた。二〇代半ばのシュニッツラーはシャルコの講義録の書評を医学雑誌に発表している（一八八六年と八七年）。[19]それはヒステリーに関する講義録で、一八八六年にドイツ語に翻訳されて出版されていたのである。翻訳者は、シャルコのもとでの研鑽を終えたフロイトであった。シュニッツラーは、若い頃からフロイトのことを知っていたのである。さらに自伝によれば、医師としてのシュニッツラーは催眠暗示法を実践していた。自伝『ウィーンの青春』の第七章「一八八七年九月から一八八九年六月まで」には、ヒステリー性失声の「いくつかの症例を催眠術を使って、あるいは暗示のみで直すことに成功」[20]したという記述がある。一八八九年には医学雑誌にこれに関する論文を発表している。[21]そののちフロイトと同様の道を歩む可能性もあったわけだが、「始められた道を歩み続ける一貫性」[22]が欠けていたせいで、それを追求しようとはしなかったという。進んだ道は異なっていても、二人は性愛と死という問題に注目しながら人間の心の内に深く分け入ろうとする志向を共有していた。一九二二年五月一四日の手紙でフロイトは「あなたは愛と死の極性という考えにこだわり続けてこられました」[23]と書く。それはフロイトが一九二〇年の『快原理の彼岸』で到達した地点でもあった。フロイトはこの書で、エロスとタナトスの対立葛藤について思索を凝らす。両人は互いの仕事に敬意を抱き、理解し合っていた。そうした点では確かに分身の関係にあっただろう。しかし、そうした共通性があるからこそ、また両者の対照性も際立つ。

フロイトが豊かではない家庭に生まれ、華やかなウィーンの芸術界とは無縁に育ったのに対し、シュニッツラーは裕福な家庭で育った。父ヨーハン・シュニッツラー（Johann Schnitzler 1835-1893）は生まれは貧しかったが、苦学の末に医師となり、長男が生まれた頃にはウィーンで名医として知られていた。フロイトも『ジョークとその無意識への関係』で、高名な医師ヨーハンにまつわるジョークを紹介している（GW.6.37）。父の患者は富裕層の人々だった。家には、ピアニストやオペラ歌手が出入りし、息子たちにレッスンをした。シュニッツラーは、幼い頃から音楽や文芸に親しんでいた。しかし、父のような医師になることが幼い頃からの夢で、ウィーン大学医学部に入学する。ところが、入学して「数週間後にはもうきちんと講義に出るのを止めてしまった」(24)という。フロイトが熱心に講義に出席し、自然科学を極めようとしていたのとは対照的だ。そして、フロイトが生涯にわたって研究者、医師としての自覚をもち、その活動を怠ることはなかったのに対し、シュニッツラーは、一九〇一年以降は医師をやめ、作家活動に専念した。また、シュニッツラーは、精神分析について断片的なメモを書き残してはいるが、研究者と言える人ではない。あくまで、創作者、詩人であった。さらに、女性関係、また家庭という面でも、両者は正反対の生活を送る。青年フロイトはマルタに激しい恋をする。思春期の淡い初恋を除けば、それ以外に恋愛体験はなかっただろう。二人は四年三ヶ月の婚約期間を経て結婚する。フロイト夫妻は円満で、六人の子どもをもうけた。シュニッツラーは、生涯に数多くの女性たちと関係をもち、その恋愛を創作の糧としていた。一九〇三年に結婚するのだが、そのとき相手の女優とのあいだにすでに一歳の息子がいた。その後、一九二一年に離婚する。シュニッツラーが六〇歳になったのは一九二二年だから、祝意の手紙を送ったとき、フロイトはこうしたことをすべて知っていたはずだ。にもかかわらず、シュニッツラーを自分の「分身」と呼ぶのである。フロイトがシュニッツラーに対してある特別な感情を抱いていたことは確かだ。

二二年以前には二人のあいだに親交と呼ぶべき関係はなかったのだから、フロイトはその作品を読み、あるいは観劇して、その作家に特別な感情をもったとしか考えられない。フロイトが一八九九年にシュニッツラー作の一幕物の芝居『パラケルスス』をブルク劇場で見て、それに「驚嘆した」ことについてはすでに述べた。フロイトは、フリース宛ての手紙と「あるヒステリー分析の断片」でこの作品と作者に言及している。自著でその芝居に言及したことはシュニッツラー自身に宛てた一九〇六年の手紙でも書き記している。

四、『パラケルスス』

『パラケルスス』は実在の人物パラケルスス（Paracelsus 1493/4-1541）を脚色した戯曲である。歴史上のパラケルススはスイス人で、医学者、錬金術師、哲学者であった。一六歳でバーゼル大学医学部に入学し、その後、ウィーンやフェラーラの大学で学ぶ。一五二七年から翌年にかけてバーゼル大学教授を務めたことがあったが、それ以外の時期は、ずっとヨーロッパ各地を放浪していた。シュニッツラーはとくに歴史上の人物にこだわって、主人公を造形したわけではない。実在の人物をモデルにしたとまでは言えず、主人公はあくまで創作された人物である。戯曲では、パラケルススが放浪の旅から「一三年」[25]ぶりにバーゼルに舞い戻ったという設定になっている。時は脚本の冒頭で「一六世紀初頭」[26]と指定してあり、バーゼルで兵器作りをする鍛工の親方の家が劇の場となる。一幕物であるから、場所は終始この家の一室である。

幕が開くと、親方の妻ユスティーナが窓辺にすわっている。そこへ義妹、つまり、親方の妹ツェツィーリアが街から戻ってくる。広場にあまり多くの人が集まっているので、気分が悪くなったのだという。広場では奇蹟の治療を行う魔術師がいて、見物人が押しかけていたのである。

そのとき、ツェツィーリアの治療を受け持つ医師コープスがやってくる。この医師は街の公共医という名士でもある。コープスによると、広場の男はパラケルススと呼ばれるいかさま師だが、昔はホーエンハイムという名で―歴史上のパラケルススも本名はホーエンハイムである―この街で暮らしていた男なのである。それを聞いたユスティーナは幾分動揺したようだ。医師とツェツィーリアが部屋を立ち去ると、入れ替わりにアンゼルムという青年貴族が現れる。この青年はユスティーナに恋い焦がれている。そして、音楽の修行のために街を離れねばならないので、その夜の逢い引きを求めるのである。しかし、ユスティーナには相手にされない。そこへ一家の主ツュプリアーンがパラケルススを連れて帰ってくる。親方はホーエンハイムを名乗っていた頃からこの男を知っており、また、パラケルススは親方の妻がユスティーナであることを知っているからこそ、ついてきたのである。パラケルススが入ってきてしばらくすると、その男に見据えられたアンゼルムは「もうこれ以上あの目つきには耐えられない」[27]と言って逃げ出してしまう。これで五場が終わり、六場からいわば本題に入る。

三人になると、ツュプリアーンは、パラケルススに向かって、ユスティーナというこの素晴らしい女は、おまえではなく、自分を選んだのだ、そして、先祖から受け継いだ築三百年のこの家で、自分は刀鍛冶の親方として立派な仕事をし、それゆえに我が家は富み栄えるのだと自慢する。さらには、いかに見物人が集まり、病気の治療が賞賛されようと、しょせんおまえはさまよいのいかさま師だと相手をおとしめる。しかし、パラケルススには医師としての自覚とプライドがある。ツェツィーリアが部屋に戻って来ると、この娘を治療しようとする。ところが、娘は治療を恐れてというより、むしろ病気からの快癒そのものを拒んで逃げ出してしまう。このくだりについては、すでに述べたとおりだ（本書三〇頁参照）。さらに、ツュプリアーンに揶揄されると、業を煮やしたパラケルススは、堅実で実直な親方の生活の裏側に何が隠されているのかを暴き出そうとする。パラケルススはユスティーナを催眠状態に陥れる。パラケルススは催眠術を操る治療家なのである。そして、催眠下でこの貞淑な妻は、アンゼルムに抱かれ、「喉に、唇に、頬にキスが燃える」(28)のを体験する。ユスティーナはそれが現実の体験だと信じ込む。パラケルススはいったんその幻想を解き、その体験を忘却させる。そして、あらためて催眠下で暗示を与え、催眠から醒めると、ユスティーナは自分自身に誠実となり、これまでになかったほどに、誠《まこと》の自分となるのだと命じる。ユスティーナは、目を覚ますと、夫への愛を語る。そして、パラケルススはバーゼルを立ち去り、終幕となる。

モデルとまでは言えないにせよ、もちろん、実在のパラケルススはこの主人公に投影されている。しかし、パラケルススが催眠術師であったわけではない。むしろ、放浪の医師で催眠術を操るという面で、作者の念頭にはメスメリズムで知られるメスメル（Franz Anton Mesmer 1734-1815）の姿もあっただろう。メスメリズム、あるいは動物磁気は何ら合理的な裏付けのない詐術的な治療法でしかなかったが、それは催眠法開発のきっかけとなった。催眠術はこの演劇の中心的なモティーフである。そのことからすると、シュニッツラーが世紀末の精神療法としての催眠法、さらにブロイアーとフロイトのカタルシス法を意識していたことは間違いない。先述のとおり、シュニッツラーはフロイト訳のシャルコのヒステリーに関する講義録を読み、その書評まで書いているのだから、こうした方面への関心は早くからあった。『ヒステリー研究』を読んでいたのも確実だ。しかし、催眠法に始まり、やがてそれを脱却して、新たな精神療法を編み出す過程を記述するのがこの書であるのだから、著者のフロイトやブロイアーをパラケルススと重ね合わせることはできない。そもそもこの二人の科学者と香具師扱いされる放浪者とは、人物像としてあまりにかけ離れている。しかし、この劇においては、夢と現実、また催眠術と人の心に関して、フロイトに一致する把握がなされているのである。

五、夢と現実

ユスティーナに催眠術をかけたパラケルススは、もうまぶたは開かない、おまえは眠って夢を見るのだと暗示をかける。何を夢見よと言ったのかはわからない。ト書きには、パラケルススが女に向かって何かをささやくとしか書かれていない。しかし、ささやいた内容は容易に推測できる。その部屋に足を踏み入れたとき、すでにパラケルススは、アンゼルムの様子から、この青年が人妻に抱く想いを悟り、二人のあいだに何かがあったことを悟ったのである。また、女が青年の望みを安易に受け入れはしなかったにせよ、堅実で実直なばかりの夫に退屈していることも見抜いていた。パラケルススにとって、夫は「鈍く惨めな安逸」[29]の生活を送る者であり、そんな男に女が満足しているはずはなかった。催眠状態になった女には、アンゼルムのことを想い起こせとささやくだけで十分だっただろう。そして、催眠下でユスティーナはその青年との情事を夢見るのである。女の夢はまさに欲望充足だった。

この芝居の初演は一八九九年三月一日、フロイトの『夢解釈』の出版は同年一一月である。『夢解釈』のテーゼは「夢は欲望充足である」であり、この一文がそのまま第二章のタイトルとされている。フロイトが『パラケルスス』観劇後に、フリースに宛てて「詩人がこうした事柄に関して、どれほど多くのことを知っているかということについて、驚嘆しました」と書いたとき、「こうした事柄」という言い回しでフロイトが言おうとしたのは、「あるヒステリー分析の断片」で明言される疾病への逃避とか疾病利得のみに限定されてはいなかった。詩人は夢の本質も認識していたのである。そして、『夢解釈』出版以前に脚本を完成させていたのだから、独力でその認識を得たと考えねばならない。『夢解釈』以前にフロイトが欲望充足という術語を用いた箇所は『全集（G.W.）』にはない。ただし、『夢解釈』には、すでに初版で、フロイトの夢に関する講演をある知人の弁護士が聴講したというエピソードが紹介されている。この弁護士は、その講演で「夢は欲望充足である」という命題を聞き知り、自分の見た夢からするとそんな命題はありえないと文句を言いに来たのだという（TD.1.195）。こうしたエピソードからすると、シュニッツラーもフロイトの夢に関する講演を聴いた可能性はないではない。しかし、講演で聞きかじっただけで、それを主題とするすぐれた作品を創作することはできないだろう。この戯曲の登場人物はいずれもある種の現実感をそなえており、浅薄な図式から生み出されたものではありえない。精神医学の知見が手がかりになったのだとしても、こうした戯曲は作者の実感に依拠した創造であると考えてしかるべきだ。

夢について親方のツュプリアーンは言う。

日が昇れば、その日の愉快な物音が聞こえ、
誰もが夢のことなど笑い飛ばして、仕事に取りかかる。(30)

これはごくあたりまえの日常を生きる、健全な人間の言葉だ。しかし、パラケルススはそれとは違う立場に立つ。

夜ごとに
力も富も奪われて
我らは否応もなく見知らぬところへ降りていかされる。
そして、生活のなかで手に入れた溢れる稼ぎのすべては
ほんのわずかな力しかありはせぬ。夢に比べれば。(31)

パラケルススにとって、夢の力は覚醒時の現実を凌駕する。それは紛れもない人間の心の現実である。そして、覚醒時に夢を見る状態にあれば、つまり、催眠状態にあれば、人は夢に操られて行動する。ユスティーナにとっては、アンゼルムとの情事はまさしく現実そのものだった。妻は甘味な不倫を身体で体験したと思い込む。そして、夫を前に恥じ入り、苦しみもだえ、許しを請う。確かにそれは催眠術の作用ではあるが、自らの欲望が生み出した夢であるからこそ、女はそれを現実として受けとめるのである。しかし、夢が現実を凌駕するというのは、あくまで登場人物としてのパラケルススの立場である。少なくともこの作品において、それが作者の立場と一致するわけではない。

パラケルススはいったんユスティーナの催眠術を解いたあと、この女に向かって、今までな

かったほどに誠の己になれと命じる。過去の真実を想起すれば、女は夫を捨て、自分を選ぶはずだと信じているのである。ユスティーナは確かにこの男に恋い焦がれていた過去を想い起こす。一三年前に男がバーゼルから姿を消したあとも、いつか帰ってくるのを待っていたのである。それどころか、ツュプリアーンと夫婦になり、その腕に抱かれていても、自分は遠くに行ってしまった者とともにいたこともあった。しかし、そんな気持ちはすぐに変わったのだという。ユスティーナはこう言ってのける。

だって今そこにあるものが強くて、
どんな強敵にだって難なく勝つの。その敵が遠くにいるならば。[32]

ユスティーナは、今「私はあなたのもの」[33]と夫ツュプリアーンに告白する。今そこにいるパラケルススは「私の青春の影」[34]にすぎない。夢を操る者は敗れ去り、ふたたび放浪の旅に出る。妻がまだ催眠状態にあるとき、ツュプリアーンはまっとうな娘たちは自分たちのような堅気にふさわしいのだと言う。するとパラケルススはこう言ってあざ笑う。

私といっしょに一日いれば、
どんな深い憧れだって満たしてやれる。
おまえさんのような男と五〇年いっしょにいたって満たされない憧れをな。[35]

これは、道楽者の色男としてのシュニッツラーが登場人物に言わせた言葉だろう。作者が自分を主人公に投影させるのはごく一般的なことだ。この作家は、女たちの「憧れ」を満たすすべは十分に心得ていて、またその自負もあった。けっして女たちを退屈させる男ではなかった。

だからこそ数多の女性たちと恋愛ごっこができたのである。しかし、また自分が敗れ去る側にあることも自覚していた。まともな女にとって、自分が「青春の影」にすぎなくなるだろうこともわかっていたのである。

六、シュニッツラーのフロイト受容

『パラケルスス』には、シュニッツラーが『ヒステリー研究』を読んでいたことを証すセリフがある。パラケルススは言う。

> 想い起こすことを怖がっているのか。
> 恐怖を取り去るには、
> その恐怖を甦らせるに如くは無し。(36)

ある人が恐れおののきながら、しかし、自分がそもそもなにゆえ恐れおののいているのかを知らない状態にあるとすれば、あるいは、それについて的外れな理由しか挙げることしかできないとすれば、医師は不安神経症と診断するだろう。そうした患者はまさに「想い起こすことを怖がっている」のである。そして、医師は患者との対話のなかで、トラウマ的な恐怖の体験を想起させ、それを「甦らせ」、そして、患者がそれを言葉で表現したとき、不安は消え去る―それが想起による治療法としてのカタルシス法の要点であった。

シュニッツラーは日記に『ヒステリー研究』のことは書き記してはいない。他方、前述のとおり、『ヒステリー研究』出版以前に、医師としてのシュニッツラーは自ら催眠法を実践していた。フロイト訳のシャルコやベルネームを読んで、独自に催眠法を研究していたのである。シュニッツラーの治療法は催眠暗示だった。乱暴に言えば、たとえば失声の症例であれば、「目が覚めたら、あなたは声が出せるようになっていますよ」という暗示を与えることによって、それを解消するという治療法である。確かに、『パラケルスス』でも、催眠術師は暗示による治療を行い、人々の心を操っている。しかし、劇のクライマックスで、ユスティーナはパラケルススへの過去の恋情を想起し、よみがえった恋情に「言葉を与え」、そして、そのことによってその恋情から解放されるのである。右で引用したパラケルススの宣言が劇の山場に結びつく。催眠暗示法と想起による治療―カタルシス法―という発想には相当な距離がある。いかに優れた詩人であっても、こうした発想に詩的直観のみによってたどり着くことはありえない。やはり、そこには『ヒステリー研究』の影響を見いだしてしかるべきだ。さらに、シュニッツラーの日記には一九〇〇年三月二六日付で『夢解釈』についての記述を見ることができる。『夢解釈』の出版は前年一一月だから、出版直後にそれを読んでいたのである。シュニッツラーは自分の見た夢の自己分析を晩年に至るまで日記に書きつけている。フロイトや精神分析への関心は持続していた。しかし、その反面、シュニッツラーは、バールのようにブロイアーやフロイトの患者をそのまま舞台に登場させるような安直な手法をとってはいない。

バールの『別の女』に戻ると、これはずいぶん盛りだくさんな戯曲で、市民社会を糾弾するという要素も取り入れられている。第五幕で、女主人公が息絶えたのち、呼ばれていた医者がようやく到着する。遅れてきたのは、街が混乱状態にあったせいだという。医師は「ロシアでことが起きたんだ。ペテルブルクは燃えているそうだ」[37]と言う。部屋の窓からは赤旗がなびくのも見え、騒乱の音も聞こえてくる。その部屋に居合わせた若者は「始まったんだ、ロシア人が…。いやもうそこらじゅうどこでもそうだ」[38]と興奮している。つまり、一九〇五年のロシア第一革命の余波が、このドラマが展開される「ある大きな都市」[39]に及んだという設定がなされているのである。こうした筋立てはあまりに唐突で、成功しているとはとても言えないが、作者の意図としては、ヒステリーの若いヴァイオリニストの死と、疲弊した市民社会の終焉とを重ね合わせようとしたのだろう。しかし、もちろんバール自身は左翼活動家でも、革命家でもなかった。その点でも、このような展開はやはり浅薄だという印象は免れない。

『パラケルスス』においては、先祖代々の家を受け継ぎ、職人として矜持をもって生きる男に向かって、その日常生活が、いかに危うい基盤の上に成り立っているかという現実が突きつけられる。一人の魔術師の出現のせいで、それはもろくも崩れ去るかに見える。しかし、敗北するのはパラケルススのほうだ。ただし、惨めに逃げ去るわけではない。最後の場で、公共医コープスが訪れて、名医パラケルススを街の「第二公共医」[40]に任命することになったという知らせをもたらす。それに任命されることはたいへん名誉なことなのだが、しかし、パラケルススはそれを固辞して街を去る。芝居は、勝者も敗者もなく、終幕となる。それは、市民社会に死亡宣告を下そうとする『別の女』の終幕とは対照的である。バールは、ヒステリー症者を生み出すような抑圧社会の断末魔を描こうとするのだろう。それに対して、シュニッツラーは、日常生活の成り立ちの危うさを描き出してはいる。日々の営みにおいては隠蔽されている心的現実が、いつ何時であれ、日常生活をかき乱すことがありうる。しかし、心的現実は覚醒時に知覚された現実と等価だとするのがこの戯曲の立場だ。つまり､両者はあくまで等価なのであって、パラケルススの言うように「夢と覚醒は互いに絡まり合って流れいく」[41]のである。それによって、日常の現実性は相対化される。しかし、シュニッツラーの観点において、あるいは、少なくともこの戯曲において、夢の現実が日常生活の現実を圧倒し、それを破局に追いやるというのが必然だとされているわけではない。作者は心的現実の現実性を誇張的に描き出すという破綻には陥っていない。フロイトがこの芝居を気に入ったのも、こうしたある種の安定感ゆえであったと推測される。真実を受容者に突きつけることが芸術の使命ではない。安心という幻想が与えられればよいのである。

この戯曲には、確かに『ヒステリー研究』の影響が見られるとはいえ、けっしてそれを受け売りするようなことはしていない。シュニッツラーはその後も精神分析に関心を向けながらも、しかし、同時に距離を保っていた。シュニッツラーの側にも、フロイトへの、また精神分析へのある種のアンビヴァレンツがあった。一九一三年に、フロイトの弟子ライクは『心理学者としてのシュニッツラー』を刊行し、それを詩人に贈る。シュニッツラーは、著者に宛てた手紙で、その本を「強い関心」をもって読み、「おおいに納得」するとともに、「激しい反発」も感じたと書いている。[42]ただし､全体としてはその本を好意的に受けとめており､ライクに近々会って話をしようと誘っている。反発を感じたのは、ライクの無意識の捉え方だった。シュニッツラーは、精神分析があまりに無意識を強調しすぎると考えていた。しかし、この詩人にはそうした反論を理論的に展開することはできなかったし、そんなことをする意図もなかっただろう。あくまで文芸作家として作品を創作することを通じて、自己表現をすることに意義を見いだしていたのである。フロイト個人にはおおいに敬意を払い、その理論にも関心を向け、理解を示しながらも、完全には賛同してはいなかった。だからこそ、両者は長きにわたって互いに相見えることがなかったのである。そして、フロイトがシュニッツラーを高く評価したのもそうした距離感ゆえでもあろう。精神分析にかぶれることなく、言語芸術家として独自の世界を作り出していたからこそ、この作家に信頼を寄せていたのである。けっして市民的な規範には収まらない私生活を送っていたのであるが、芸術家としての矜持が揺らぐことはなかった。森鷗外はシュニッツラーについて「書くものゝ品格《ひんかく》が好《い》い。これは作者自身《さくしやじしん》の品格《ひんかく》の好《い》いのが筆《ふで》に現《あらは》れて來《く》るのと思《おも》はれる」[43]と書く。フロイトのシュニッツラーに対する好意も根本的にはこうしたところにあったものと考えられる。

第七章　演劇的葛藤

一、演劇的葛藤

「精神病質の登場人物」でフロイトは演劇における葛藤という要素を強調する。人の情動を興奮させるには葛藤と対立、闘争と勝利、あるいは敗北というストーリーが必須である。それゆえ、演劇の筋は「意志の緊張と反逆を含む」（GW.NT.658f.）ものでなければならない。困難な闘いの末に、英雄が勝利すれば、観客は喝采する。勝利の興奮を高めるために、主人公は一度は敗北を喫さねばならない。挫折した敗者は、弱者としての観客の共感を得る。そして、そのうえで、敗北から這い上がり、ついに強力な敵を倒して、栄光の勝利を得るというのが、ハリウッドのアクション映画のお定まりのストーリーだ。逆に、英雄が破滅的な状況に陥って終わる場合には、観客の内で抑え込まれていた情動が「畏れと憐れみ」という感情として放出される。さらにフロイトは、そうした場合、主人公の破滅は観客に「マゾヒスティックな満足」（GW.NT.657）をもたらすという。英雄が、個体の意志を超えた必然性ゆえに滅びるという設定がなされ、さらに、観客もまたその必然性に屈さざるをえないと感じるならば、英雄に下された破滅という懲罰は、また観客への懲罰でもある。観客は懲罰に秘められた幼児的な快感を味わう。英雄の破滅は、観客に対して、それが誰にでも降りかかる必然であるという認識を迫り、それとともにマゾヒスティックな悦びをもたらす。そして、そのことによって、悲劇は「さらに深く情動の可能性の内へと降りていく」（GW.NT.657）のである。それは情動の奥底にまで効果を及ぼす。

フロイトはそうした演劇的葛藤を通時的に跡づけようとする。そして、「神々への儀式における生け贄の行為（ヤギのささげ物、スケープゴート）からドラマが発生した」と書くのであるから、当然のことながら、原初の悲劇における葛藤を人間と神々のあいだに見いだしていた。

> 英雄たちはまずは神、あるいは神的なるものへの反乱者であった。（GW.NT.657）

ギリシア悲劇と総称される演劇においては神々が実在の存在として登場する。しかし、文化の進展とともに神への信仰は薄れていく。それにつれて、必然を体現する神のせいで人間が苦悩するわけではないという認識が一般化する。そうなると、人間を苛むのは、自らが作り出す「人間の秩序」（GW.NT.659）だと理解されるようになる。その理解の上に立って、「主人公の人間的社会的共同体への戦い」を内容とする「市民悲劇」（GW.NT.659）が成立する。ドイツ文学史で最初の市民悲劇とされるのは、レッシングの『ミス・サラ・サンプソン』（一七五五年）である。それは「専制政治の横暴に反対して、人間の尊厳を主張」[1]する悲劇であった。フロイトは「市民悲劇」を「社会劇」（GW.NT.659）と言い換えているので、厳密に文学史に則って考察を進めているわけではない。一九世紀末に起こった、社会批判劇としての自然主義の演劇も念頭にあったのだろう。

フロイトはまた、人間の葛藤は「性格悲劇」、あるいは「性格劇」としても表現されるという。フロイトはこれについて「人間の制度の制約から解放された傑出した人々の間で演じられる」（GW.NT.659）劇だと述べてはいるが、それに該当する作品は挙げていない。フロイトのこの定義からすると、たとえば、シェークスピアの『ジュリアス・シーザー』を思い浮かべることができる。この劇では、シーザーとブルータス、ブルータスとアンソニーというそれぞれ「傑出した人々のあいだで」ドラマが展開する。それらはまた「人間の制度の制約から解放された」者たちでもある。シーザーは、ある面ですでに共和制ローマの制度を乗り越えた人間であり、ブルータスは暗殺の陰謀とその行為によって、制度から抜け落ちてしまう。アンソニーは群衆を扇動して、制度を打ち壊す。こうした点で、『ジュリアス・シーザー』はフロイトの言う「性格劇」に当てはまるだろう。ただし、一般に性格劇とされるのは、登場人物の特異な性格に焦点が当てられる劇で、その典型は『ハムレット』とされ、また、ドイツ文学においてはゲーテの『ゲッツ・フォン・ベルリヒンゲン』が最初の性格劇とされている。強い個性をもつ二人の登場人物の葛藤という点を強調するのは、むしろフロイトの演劇論の特徴である。

フロイトはさらに「主人公の心的生活」そのものが葛藤の場となる劇として、「心理劇」（GW.NT.659）が成立するという。心理劇においては、心の内のさまざまな動きがぶつかり合い、心そのものが闘争の場となる。強力な心的興奮が勝利を得て、他の興奮が力を失って敗北するというのが、こうした演劇の構成となる。フロイトは「『愛と義務』の闘争」によって「愛が抑え込まれる」（GW.NT.659）という筋書きがオペラによく見られると述べているが、ハイドン（Franz Josepf Haydn 1732-1809）やロッシーニ（Giachino Rossini 1792-1868）の作曲で知られる『アルミーダ』がこれに当たるだろう。十字軍の騎士リナルドはダマスカスの女王アルミーダの愛を退けて、騎士としての義務を果たすため女王のもとを去る。「『愛と義務』の闘争」

は、フロイトの言うように、義務の勝利によって終わる。もちろん、社会劇、性格劇、心理劇がつねに個別的に存在するわけではない。それぞれの要素が融合して戯曲が成り立つのであろうし、どの戯曲も分析すれば、いずれかの要素を見いだすことができるだろう。

フロイトはさらに、演劇として表現される心的葛藤がある特殊な性質を帯びる場合、それは「精神病理劇」になるという。精神病理劇においては、心理劇における「愛と義務」の場合のように、「ほぼ同程度に意識された二種の興奮のあいだの葛藤」(GW.NT.659)ではなく、意識された興奮と、抑圧され、無意識なものとなった興奮のあいだの葛藤が演劇の中核を形成する。そうした葛藤に苦しむ主人公は神経症者として登場する。その代表例で、最初の作品とされるのが、これまで幾度も言及してきたシェークスピアの『ハムレット』である。父を殺め、母を娶った叔父への復讐を果たすことが意識された使命である。しかし、それはハムレット自身の父への敵意、母への欲望という抑圧された興奮を刺激する。そして、「お前が手をかけようとする者は、まさにお前の欲望を実現した男だ。お前に復讐の資格はない」という無意識的な想念が行動を阻害する。そこに『ハムレット』を「精神病理劇」とならしめる葛藤が見いだされる。これについては、これまで述べてきたとおりだ。

フロイトは、この種の演劇が受け容れられる条件は「観客もまた神経症者であること」(GW.NT.659)であると書く。しかし、ここで言われる「神経症者」とは、神経症ゆえに生活が立ち行かず、そのために治療を必要とするような狭義の神経症者を指すのではない。同性の親へ敵意を、異性の親へ性的欲望を抱くのがあらゆる人間の宿命であるとするのが、フロイトの基本的な立場である。そしてまた同時に、近親者への攻撃性や性的愛着を抑圧することによってのみ、人間は人間としてありうるとフロイトは考える。表向きは正常とされる人間の内でも、意識化された興奮と、無意識的な興奮が葛藤する。その意味で、あらゆる人間は神経症者である。人間にとって、完全に健康で健全という状態はありえない。自らの内の葛藤に自力で折り合いがつけられれば、相対的に健全ということになるだろう。しかし、つねにその均衡が保たれる保証もありえない。こうした観点からすると、あらゆる人間が「精神病理劇」の観客となりうる。

二、フロイト精神分析における葛藤

葛藤（Konflikt）はフロイトのキー・タームの一つである。フロイトが、ブロイアーとともにヒステリー研究で見いだしたのは、何事かを想起させようという力と、それを想起させまいとする力の葛藤がヒステリー症状形成の条件となるという事態だった。ある表象が意識化され、そして、それが耐えがたい性質を帯びているならば、それは抑圧という作用によって、意識から無意識へと追放される。そして、追放された表象は絶えず意識化されることを求め、防衛機構を破ろうとする。こうした葛藤は、ヒステリー症者ならずとも、誰の内でも小さな規模で日常的に起きている。『日常生活の精神病理』は、そうした葛藤ゆえに、まさに日常生活で生じる言い間違いや物忘れを分析する書である。また、こうした葛藤がなければ、夢の歪曲はありえず、夢を解釈する必要もない。

情動を充当された表象が抑圧され、意識化されないとき、その情動のエネルギーは身体へと向かい、身体的な症状を形成することがある。それがブロイアー／フロイトの発見した転換ヒステリーのメカニズムであった。『ヒステリー研究』においては、無意識的な表象の存在が強調されており、もちろんそこに精神分析の始まりがある。しかし、より厳密に言えば、ある瞬間に意識されている表象以外は、あらゆる表象が無意識状態にある。そして、無意識状態にある表象すべてに病理的現象を惹起する潜在力がそなわるわけではない。無意識状態には区別を設けねばならない。つまり、何らかの刺激や連想により、ただちに、あるいは、いくらか努力を払えば意識化される表象と、防衛機構のせいで抑圧を被り、そのために意識化が不可能になってしまった表象を区別せねばならないのである。前者については『夢解釈』で、「前意識」という観念が導入される。前意識の表象も、抑圧を被った無意識的な表象も無意識的であることに変わりはない。抑圧の有無により、前意識と本来の無意識が区別される。無意識は前意識と対立する。

無意識と前意識の対立それ自体は、表象の状態の対立である。多量の情動を充当された無意識的な表象が前意識／意識へと向かおうとするが、それを阻む力が働くというメカニズムにより、無意識と前意識のあいだに葛藤が生じる。初期の段階では、その対立葛藤の妥協形成として生み出される心的現象、とりわけ夢に注目が向けられていた。しかし、フロイト精神分析はつねに進化し、変貌を遂げる。当初は「情動の興奮」、「情動を帯びた表象」といった言い回しが多用されたが、情動という心的エネルギーに関する考察はやがて衝動論へと結びつく。

一九一五年には「衝動と衝動の運命」が発表され、さらに一九二〇年の『快原理の彼岸』で、「生の衝動」と「死の衝動」という観念が導入される。フロイトは衝動間の対立葛藤を見いだすのである。生の衝動は種の保存、生殖本能に対応する。それは、エロス、性愛の衝動である。それに対置される死の衝動は自己保存本能に対応する。自己保存のために、生命体は他の生命体を攻撃し、殺し、摂取する。肉食であれ、草食であれ、そこに変わりはない。死の衝動は、他者への攻撃性として発現する。逆説的なことではあるが、死の衝動によって個体は個体として維持されるのである。しかし、最終的に死の衝動はその生命体自体に向けられる。それは、自らの衰微と老いを、さらには解体を、すなわち死を招来する。フロイトは、自己保存本能をある期間は個体を保存し、やがて適切な時期にその個体自体に死をもたらす衝動と読み替える。そして、フロイトは衝動の葛藤対立から人間の生を解明しようとする。

シュニッツラーに宛てた手紙にはこう記されている（一九二二年五月一四日付）。

一九二〇年の小著『快原理の彼岸』で、私は、エロスと死の衝動とが根源的な力であり、そして、その二種の力の対立活動が生のあらゆる謎のもととなっていることを明らかにしようと試みたのでした。(2)

生の衝動は、生殖を通じて自分と同様の個体を後に残そうとする。それに対して、死の衝動は、個体を、その個体が生まれる前の状態に帰そうとする。すなわち、死の状態である。個体の反復によって種の保存が成立する。そして、個体そのものは、死の状態から死の状態へと回帰する。フロイトが衝動の対立葛藤のさらにその向こう側に見いだしたのは反復の原理だった。

一九二三年の『自我とエス』においては、心的構造論の観点から、「エス」と「超自我」という観念が導入される。心的装置は、構造的にエス、超自我、そして自我から成り立つ。エス(Es)は英語の it にあたる三人称単数の代名詞の名詞化であり、フロイトはこの術語がグロデクの提唱に由来すると明言する(GW.8.251)。グロデクはニーチェに多大な影響を受けており、エスもまたそのもとをたどればニーチェに行き着く。それは無意識的な衝動を心的装置の内に位置づける観念である。エスは心的生活の基盤をなす。それに対して、超自我は、一般的な用語で言えば、「良心」にあたる。超自我は幼児期のしつけを通じて、両親か、あるいはそれを代理する者によって植えつけられる。超自我もまた心的装置の内で無意識的に作用する。それは善悪の基準となり、社会的規範となる。さらに、超自我とエスに挟まれるようにして、いわばそのあいだに「自我」が位置づけられる。エスが勝手気ままに振る舞おうとすると、超自我にはそれに懲罰を与えようとする。自我は心的装置内部においてその調停をせねばならず、さらに外界の現実とも折り合いをつけねばならない。自我はエスから生じる欲望を、外的な現実に作用することで充足しようとする。その際、超自我はそれが自らの規範に抵触しないか否かを監視している。自我はまた超自我の意向を伺わねばならない。自我はつねに葛藤対立の渦中に置かれている。そのさなかにあって、自我のエネルギーは調停すること、防衛することに費やされる。心的装置において自我はつねに受動的に振る舞わざるをえない。グロデクの言葉を借りれば、「人間はエスに生かされている」というのが、「根本真理」[(3)]なのである。

フロイトのもとで学んだユングはその師の後継者と目され、国際精神分析協会の代表も務めていた。しかし、リビドー理論をめぐってフロイトと対立を深め、一九一四年に協会を脱退する。フロイトの定義に従えば、リビドーはあくまで性愛のエネルギーである。そこにユングは大きな変更を加え、リビドーを生命エネルギーと定義する。これによってユングはリビドー一元論に移行し、独自の分析心理学を創始する。それに対して、フロイトにとって、リビドーはあくまで性的衝動であり、その定義を揺るがすことはなかった。二人が決裂するのは必定だった。フロイトは、当初、リビドーには自我衝動が対立すると想定し、二元論の立場を固守する。さらに、前述のとおり、生の衝動と死の衝動を導入することによって、最終的に衝動の二元論を確立する。一元論に基づくユングの分析心理学が静的であるのに対し、二元論的に展開されるフロイト精神分析はきわめて動的である。そして、人間の常態に葛藤対立を見いだすという面で、それは演劇的であると言うこともできる。本章第一節で見たとおり、フロイトの演劇論においては葛藤という要素が強調されるのである。とりわけ心理劇においては「主人公の心的生活そのものに、様々な興奮のあいだで苦難をもたらす闘争が生まれる」（GW.NT.659）とされている。しかし、こうした闘争は、心理劇の登場人物として、ある特殊な状況を生きる主人公の内でのみ生じるのではない。フロイトが自己分析と、無数の患者たちの分析から導き出したのは、あらゆる人間の内で―程度の差はあれ―そうした闘争が戦われているというテーゼだった。

三、演劇と人間

これまで繰り返して述べてきたことであるが、ヒステリーのさなかにあって、アンナ・O／ベルタ・パッペンハイムは、自分がおかしなことをしているということを自覚し、ある種の演技をしているのだと認識していた。また、心身ともに健康であったときのアンナ・Oについて、ブロイアーは、ヒステリー発病の「素因となった心的特異性」として次の二点をあげている。

一、彼女は、ひじょうに単調な家庭生活のなかにあって、自分にふさわしい精神的活動にいそしむこともなかったため、心的な活力やエネルギーの余剰が生じ、そして、この余剰が絶えまない空想活動へと放出されたこと。

二、この余剰によってさらに常習的に覚醒夢（「私的劇場」）を紡ぎ出すようになったこと。

（SH.55f.）

空想の世界に入り込んでいても、声をかけられれば、我に返って現実の世界に戻ってくるので、空想にふけりがちであっても、その時点でアンナ・Oは正常な状態にあったと言わねばならない。しかし、何らかの誘因があって、ヒステリーが生じ、アンナ・Oはもはやその空想の世界から戻ってこられなくなる。そもそもの誘因が何であったか、ブロイアーは解き明かしてはいない。確かに個別の症状が生じるきっかけは明らかにすることはできた。しかし、暗中模索、試行錯誤を重ねながら患者に向かい合っていたブロイアーは、アンナ・Oにヒステリーという疾病を生じさせた、根本的な誘因の解明には至らなかったのである。そうした限界はあったにせよ、ブロイアーは、アンナ・Oが正常な状態における「私的劇場」を病的な状態へと持ち込んでいったことは明らかにできた。アンナ・Oはその劇場のいわば演技者として、身体表現によって空想を―無意識的な空想を―表現していたのである。そして、それと同時に、アンナ・Oにおいて、自我はなすすべもなく見物人の役割に甘んじていた。ヒステリー状態において、そのようにして人格の解離が固定化していたのである。

健康時のアンナ・Oは、身体的に空想を表現することはなく、そして、誰かが声をかければ、空想をやめることはできた。しかし、何かを空想しているときには、ヒステリーのただ中におけるのと同じ解離が生じていた。だからこそその状態を「私的劇場」と呼んでいたのである。おそらく、こうした状況は誰もがほぼ日常的に体験しているのだろう。現在では、スマートフォンのゲームを手立てにして、多くの人々がそうした解離状態に入り込んでいるようだ。しかし、それを解離であると自覚することはまずないだろう。フロイト自身は次のような非日常的な解離状態を自らの実体験として報告している。

私は、自分が生命の危機に陥ったと思ったことが二度あるのを覚えている。二度とも突如そんな状態にあることに気がついた。そしてそのとき私は両方の場合とも「これでおまえはもうおしまいだ」と思った。ふだん私の内的な発語はきわめて不明瞭な音像を伴うだけで、唇の動きもほとんどはっきりとは感じないのに、私はこの危機に際して、まるで誰かが私の耳に向かって叫ぶかのようにこれらの言葉を聞き、そしてそれと同時にひらひらと舞う紙きれに印刷されたようなその言葉を見たのである。(4)

これは一八九一年に出版された、フロイトの最初の著書『失語論』からの引用である。これが刊行された頃、フロイトはまだ精神分析からは遠く離れたところにいた。『失語論』は神経学の観点で、脳の損傷箇所と失語の関係について論じる書である。そうした神経学の研究書において、ここでは著者が自分の主観的な体験を語っているのである。それはいかにも奇異な印象を与える箇所だ。実際に何が起きて、フロイトが「生命の危機」に陥ったのかはわからない。『夢解釈』には、フロイトが「ほろ酔い加減の御者」（TD.1.346）のせいで、馬車もろとも崖下に落ちたときのことが語られており、もしかすると、「二度」の危機のうちの一度は、そんな事故に遭ったときのことかもしれない。そうした突発的な事態に際して、もう駄目だと思ったとき、その危機のさなかに、フロイトは、第三者としての「誰か」が―原文では不特定の人を指示するmanが主語とされている―「おまえ」に向かって「もうおしまいだ」と叫ぶのを聞き、さらに活字でその言葉を書いた紙が「ひらひらと舞う」のを見たのである。

もちろん『失語論』において、これはきわめて重要な箇所である。フロイトは脳の損傷の場所を特定すること―局在論―のみによって、失語という現象は説明しえないということを立証すべく、この体験を提示したのである。フロイトが注目したのは、恐怖に襲われるなかで脳に損傷を受け、失語に陥った者が、その後なおも何かある一語、ある一文のみを発することができるという現象だった。それは恐怖のなかで最後に発した言葉が、つまり、フロイトの場合で言えば「もうおしまいだ」という言葉が、いわば心に刻みつけられた結果だと考えるのである。(5) この自己分析が、フロイトに神経学から精神分析への一歩を踏み出させる一つのきっかけとなったのは確かだ。そして、また同時に、このいかにも不思議な、一種の臨死体験のような出来事において、フロイトは自ら「私的劇場」をまさに劇的に体験したのである。危機の場面で、「もうおしまいだ」と「思った」というのだから、通常の理性的判断は下されている。しかし、それと同時に、そのとき思ったことが聴覚的、視覚的な知覚となり、自我は見物人の立場に追いやられる。自我は「私的劇場」に座る観客として、「別の舞台」で紙切れが舞うのを見、そこに記された言葉を発する声を聞いていた。

ヒステリーやアメンティアにおけるのと類似した状態が、生命の危機が迫る極限状況においても生じる。そして、異常な状況であるから、異常な反応が生じると考えるべきではない。むしろ、そうしたときに自我の本来の立場が露呈するのである。フロイトの基本的な立場は、一九一七年の論文「精神分析のある困難」に記される「自我はその家の主人ではない」(GW.12.11)という文に表される。心という「家の主人」は無意識的な衝動である。道を外れ、何処へとも知れず突き進もうとする主人をなだめすかし、抑え込むことが自我の使命であり、それは受動的であらざるをえない。そして、万策尽きてしまえば、主人の行いをただ見物人として傍観するほかなくなるのである。

「本音で語る」などと言ったところで、家の主人の本音は自我の知るところではなく、どう頑張ってみても、それは「私」の語りうるところではない。そもそも心は複数の機関の複合体であり、それらが葛藤対立状態にあるのだから、そこに単一の本音など存在しない。また、誰しも「私らしく生きる」といったことは口にしたくなるものだ。実際、それに類するフレーズはいたるところに踊っている。しかし、そんなことを口走る「私（ich）」、あるいは自我（Ich）はそもそも家の下僕でしかない。下僕の「私」が「自分らしく生きよう」と考えるなど思い上がりも甚だしい。自我はせいぜい調停人にすぎない。心という劇場で自我は主役を演じてはいない。しかし、まっとうに生きていこうとするなら、そうは言ってはいられない。社会的動物である以上、この世の中においては、あたかも自我が「主人」として理性的に判断し、決断を下しているかのように振る舞わねばならない。つまり、社会人は社会人らしく、そのふりをして生きていくことが強いられるのである。かくして、シェークスピアの台詞にあるように、現世を生きる人間にとっては演技が宿命となる。

世の中は全部が舞台。
そして、男も女もみんなただの俳優。（『お気に召すまま』二幕七場）

そうした人間喜劇を傍観者として見物できれば、さぞおもしろかろう。しかし、この「世の中」にそんな観客席は用意されてはいない。職場であれ、家庭であれ、何かしらの役が割り当てられる。幼心にかえって一人戯れたところで、そもそも子どものごっこ遊びが演技なのである。舞台に立って演技をしていれば、やがては誰しも倦み疲れる。そして、夜の睡眠に休息を求め、夢という欲望充足を体験する。ところが、そうした夢もまた「私的劇場」なのである。フロイトの分身としてのシュニッツラーはパラケルススにこう言わせている。

夢と覚醒は互いに絡まり合って流れいく。
真実と嘘もまた然り。確かなことなどどこにもない。

我らは己について何も知らず、他人についても知らない。
我らはつねに演技をなす。それを知る者こそが賢明なのだ。(6)

夢と覚醒は絡み合う。覚醒時の生活には夢が忍び込み、夢には日常の出来事が現れる。そして、秘めた願いをかなえる夢の中でさえ、人間は演劇状況から解放されることはない。夢において、人は別の舞台で演技をする登場人物となるとともに、それを見る見物人に分裂する。「それを知る者こそが賢明」なのであったにしても、どんな賢人であれ、その状況が変えられるわけではない。人間はつねに演劇状況の内にとどまらざるをえない。フロイトが分析の対象としたのは、そうした人間の疎外状況だった。

あとがき

本書においては幾重にも重なり合い、内的に絡み合う精神分析と演劇について考察した。こうした考察にとりかかったのはずいぶん前のことになる。本書の元となったのは一九九九年から二〇〇一年にかけて『岡山大学文学部紀要』で発表した「フロイトの演劇論（一〜五）」である。書誌は以下の通り。

「フロイトの演劇論（一）」、『岡山大学文学部紀要』第三一号、一九九九年七月
「フロイトの演劇論（二）」、『岡山大学文学部紀要』第三二号、一九九九年一二月
「フロイトの演劇論（三）」、『岡山大学文学部紀要』第三四号、二〇〇〇年一二月
「フロイトの演劇論（四）」、『岡山大学文学部紀要』第三五号、二〇〇一年七月
「フロイトの演劇論（五）」、『岡山大学文学部紀要』第三六号、二〇〇一年一二月

本書の第一章、第二章、第四章、第五章はこれらの論文に基づく。ただし、最初の論文を発表してからもう二〇年も経つので、もちろん大幅に書き直した。本書の第三章は「フロイトの演劇論―ヒステリー、同一化、リー・ストラスバーグ―」（『岡山大学文学部紀要』第七〇号、二〇一八年一二月）とほぼ同内容。第六章、第七章は書き下ろしである。

フロイトは何といっても一九世紀に生まれた人であり、二一世紀の今その学説をすべてそのまま肯定することには当然のことながら無理がある。しかし、筆者はフロイトから学びうることはまだ尽きてはいないと確信する。フロイトの方法論によって演劇を考えること、また、演

劇という観点から精神分析を考察することによって、新たな知見が得られたものと考えている。

本書を上梓するにあたっては、紀要における論文発表から、岡山大学出版会による出版に至るまで、筆者が長年勤務した岡山大学にたいへんお世話になった。とりわけ、出版に向けて原稿を精読していただいた「査読会議」の委員の先生方に深謝する。また、校正の段階で多くの有益なコメントをいただいた出版会の猪原千枝氏に厚くお礼を申し上げる。

金関 猛

二〇二〇年二月

注

第一章

(1) Ernest Jones, *Sigmund Freud: Life and Work*, vol.2, The Hogarth Press, London 1955, p.378.
(2) Max Graf, *Reminiscences of Professor Sigmund Freud*. In: *Psychoanalytic Quarterly*, vol.11, 1942, p.467.
(3) フロイトのこの論文では、もちろん少年についても、その父についても本名は明かされていない。少年がグラーフの息子であるということについては、たとえば、Peter Gay, *Freud. Eine Biographie für unsere Zeit*, S.Fischer Verlag, Frankfurt am Main 1989, S.291f. を参照。
(4) Max Graf, *Reminiscences of Professor Sigmund Freud*, p.465.
(5) Hermann Bahr, *Tagebuch*, Paul Cassirers Verlag, Berlin 1909, S.59.
(6) Ebd.
(7) Ebd., S.65.
(8) Ebd., S.74.
(9) Hermann Bahr, *Tagebücher, Skizzenbücher, Notizhefte*, Bd.2, Böhlau Verlag, Wien 1997, S.225.
(10) Ernest Jones, *Sigmund Freud: Life and Work*, vol.2, p.13.
(11) Max Graf, *Reminiscences of Professor Sigmund Freud*, p.476.
(12) Ibid.
(13) Ernest Jones, *Sigmud Freud: Life and Work*, vol.1, The Hogarth Press, London 1953, p.193.
(14) Hanns Sachs, *Freud: Master and Friend*, Harvard University Press, Massachusetts 1946, p.33.
(15) Ibid., p.34.
(16) Ibid.
(17) Ibid., p.70.
(18) Peter Gay, *Freud. Eine Biographie für unsere Zeit*, S.195.

(19) Sigmund Freud, *Brautbriefe. Briefe an Martha Bernays aus den Jahren 1882-1886*, Fischer Taschenbuch Verlag, Frankfurt am Main 1988, S.114.
(20) Ebd. フロイトと芝居を見に行ったヨーンは、ヨーン・フィリップ(John Philipp)。マルタのいとこで、画家。
(21) Ebd.
(22) サラ・ベルナールに関する記述は、本庄桂輔『サラ・ベルナールの一生』(角川書店、一九六三年)に基づく。
(23) Sigmund Freud, *Brautbriefe*, S118f.
(24) Ebd., S.119.
(25) Ebd.
(26) Ebd., S.121.
(27) Sigmund Freud, Carl Gustav Jung, *Briefwechsel*, S. Fischer Verlag, Frankfurt am Main 1974, S.466.
(28) Hugo von Hofmannsthal, *König Ödipus, Tragödie von Sophokles, neu übersetzt.* In: *Dramen 2. 1892-1905*, S. Fischer Verlag, Frankfurt am Main 1966, S.545.
(29) Hanns Sachs, *Freud. Master and Friend*, p.70.
(30) Ibid.
(31) Ibid.
(32) Ibid.
(33) フロイトは『オイディプス王』をドンナー(Johann Jakob Christian Donner 1799-1875)のドイツ語訳から引用する。
(34) ソポクレス『オイディプス王』高津春繁訳、『ギリシア悲劇全集二』人文書院、一九六〇年、二五二頁。
(35) Hugo von Hofmannsthal, *Dramen 2. 1892-1905*, S.463.
(36) ソポクレス『オイディプス王』、二五二頁。
(37) このようなフロイトの認識が、ホフマンスタールの翻訳に起因することは、すでにヴォルプスが指摘している(Michael Worbs, *Nervenkunst*, Europäische Verlagsanstalt, Frankfurt am Main 1983, S.260f.)。
(38) Hermann Bahr, *Tagebücher, Skizzenbücher, Notizhefte*, Bd.3, Böhlau Verlag, Wien 1997, S.194.
(39) Ebd., S.468.

(40) Ronald W. Clark, *Sigmund Freud*, S.Fischer Verlag, Frankfurt am Main 1981, S.246f.

(41) Max Graf, *Reminiscences of Professor Sigmund Freud*, p.470.

(42) Ibid. グラーフはまた、別の箇所（Max Graf, *Jede Stunde war erfüllt. Ein halbes Jahrhundert Musik- und Theaterleben*, Forum Verlag, Wien 1957, S.163）でも、フロイトが、水曜会へは「ヘルマン・バールも来ると言っている」と告げたと書き記している。

(43) Michael Worbs, *Nervenkunst*, S.139f.

(44) Max Graf, *Reminiscences of Professor Sigmund Freud*, p.470.

(45) Hermann Bahr, *Die Überwindung des Naturalismus. Als zweite Reihe von "Zur Kritik der Moderne"*, E. Piersons Verlag, Dresden und Leipzig 1891, S.102.

(46) Ebd., S.106.

(47) Ebd., S.106f.

(48) Hermann Bahr, *Tagebücher, Skizzenbücher, Notizhefte*, Bd.3, S.101, 104, 119, 132, またヴォルプスによれば、バールは一九〇三年のある劇評でこの本に言及し、これを「わが国の二人の学者の素晴らしい本」と称賛している（Michael Worbs, *Nervenkunst*, S.140.）。

(49) Sigmund Freud, *Briefe an Wilhelm Fließ 1887-1904*, S. Fischer Verlag, Frankfurt am Main 1986, S.381.

(50) Gotthart Wunberg, *Das junge Wien*, Bd.2, Max Niemeyer Verlag, Tübingen 1976, S.972. このときの演出はラインハルト。

(51) ジークムント・フロイト『あるヒステリー分析の断片』金関猛訳、筑摩書房、二〇〇六年、六三頁。

(52) 同右、六四頁

(53) Arthur Schnitzler, *Der grüne Kakadu. Paracelsus. Die Gefährtin: Drei Einakter*, S. Fischer Verlag, Berlin 1905, S.31.

(54) シュニッツラーの弟ユーリウス（Julius Schnitzler 1865-1939）は高名な外科医で、フロイトのタロット仲間でもあった（Sigmund Freud, Sándor Ferenczi, *Briefwechsel*, 1/1, Böhlau Verlag, Wien 1993, S.348, Anm.3）。

(55) Sigmund Freud, *Briefe 1873-1939*, S. Fischer Verlag, Frankfurt am Main 1960, S.357.

第二章

(1) Gotthold Ephraim Lessing, *Hamburgische Dramaturgie*. In: *Werke*, Bd.4, Carl Hanser Verlag, München 1973, S.601.
(2) Hermann Bahr, *Tagebücher, Skizzenbücher, Notizhefte*, Bd.3, S.284.
(3) Ilse Grubrich-Simitis, *Urbuch der Psychoanalyse. Hundert Jahre »Studien über Hysterie« von Josef Breuer und Sigmund Freud*. In: *Psyche* 12, 1995, S.1117-1155.
(4) GW. Bd.2/3, S.613.「夢解釈は心的生活における無意識的なものを認識するための王道である」という一文は『夢解釈』第二版で入れられたもので、初版にはない。
(5) 一八八二年一一月二二日付の手紙。Sigmund Freud, Martha Bernays, *Brautbriefe, Bd.1*, S. Fischer Verlag, Frankfurt am Main 2011, S.400.
(6) 一八八三年七月一三日付のマルタ宛の手紙で、フロイトは「君の友達のベルタ・パッペンハイムのことがまたも話題に上った」と述べている。Sigmund Freud, Martha Bernays, *Brautbriefe, Bd.2*, S. Fischer Verlag, Frankfurt am Main 2013. S.20.
(7) Ernest Jones, *Sigmund Freud: Life and Work*, vol.1, p.245.
(8) Gotthold Ephraim Lessing, *Hamburgische Dramaurgie*, S.595.
(9) Johann Wolfgang Goethe, *Nachlese zu Aristoteles' Poetik*, In: *Sämtliche Werke nach Epochen seines Schaffens, Münchner Ausgabe*, Bd.13, S.342.
(10) Ebd.
(11) Ebd., S.340.
(12) Jacob Bernays, *Zwei Abhandlungen über die aristotelische Theorie des Drama*, Wissenschaftliche Buchgesellschaft, Darmstadt 1968. S.1.
(13) Theodor Gomperz, *Jacob Bernays (1824-1881)*. In: Theodor Gomperz, *Essays und Erinnerungen*, Deutsche Verlags-Anstalt, Stuttgart 1905, S.106.
(14) Ebd., S.118.

(15) Henri F. Ellenberger, *Die Entdeckung des Unbewußten*, Bd.2, Hans Huber, Bern 1973, S.665.

(16) Jacob Bernays, *Zwei Abhandlungen über die aristotelische Theorie des Drama*, S.12 u. S.13.

(17) Ebd., S.40

(18) 一九七〇年出版の *Grundzüge der verlorenen Abhandlung des Aristoteles über Wirkung der Tragödie*(Georg Olms Verlag) へのグリュンダー（Karlfried Gründer）の「序文（*Einleitung*）」、またクレシェンティ（Luca Crescenti）の論文 *Philologie und deutsche Klassik*(In: *Centauren-Geburten*, de Gruyter, Berlin 1994, S.208-S.216) を参照。

(19) グリュンダーは、「リッチュルの弟子であるニーチェがベルナイスのことを知っていたことに疑いはなく、またベルナイスのあらゆる著作を読んでいたことも確実である」と述べている（Karlfried Gründer, *Einleitung*. In: Jacob Bernays, *Grundzüge der verlorenen Abhandlung des Aristoteles über Wirkung der Tragödie*, S.VIII）。また、ニーチェは、一八七〇年春のノートで、ベルナイスの名を挙げている（Friedrich Nietzsche, *Nachgelassene Fragmente, Herbst 1869 bis Ende 1874*. In: *Sämtliche Werke. Kritische Studienausgabe in 15 Bänden*, de Gruyter Verlag, Berlin 1980（以下 *KSA* と略記）, Bd.7, S.71）。

(20) Jacob Bernays, *Zwei Abhandlungen über die aristotelische Theorie des Drama*, S70.

(21) Friedrich Nietzsche, *Die Geburt der Tragödie*. In: *KSA*, Bd.1, S.25.

(22) コジマは次のように書いている。「ご著書『悲劇の誕生』が売り切れたと伺って、ほんとうに嬉しゅうございました。私が知人たちから聞いて知っておりますのは、ロッゲンバハとそのお友達のノイヴィート侯爵夫人がご本を読んでおられますこと、そして、ベルナイスが、ここには自分の考察が含まれている、ただ誇張されているだけだ、と決めつけたことだけでございます」(*Die Briefe Cosima Wagners an Friedrich Nietzsche*, Gesellschaft der Freunde des Nietzsche Archivs, Weimar 1940, S.42)。

(23) Friedrich Nietzsche, *Sämtliche Briefe*, Bd.4, S.97.

(24) Friedrich Nietzsche, *Die Geburt der Tragödie*. In: *KSA*, Bd.1, S.143.

(25) Ebd., S.142.

(26) Ebd., S.150.

(27) Ebd., S.135.

(28) Ebd., S.137.
(29) Ebd., S.26 .
(30) Ebd., S.57.
(31) Ebd., S.47.
(32) Friedlich Nietzsche, *Über Wahrheit und Lüge im außermoralischen Sinne.* In: *KSA*, Bd.1, S.885.
(33) Ebd.
(34) 「エス」にかかわるフロイト、グロデク、ニーチェの関係については、拙著『ウィーン大学生フロイト』（中央公論新社、二〇一五年）で論じたので、そちらを参照していただきたい（一九七頁以下）。
(35) Claude Lévi-Strauss, *Anthropologie structurale*, Plon, 1996, p.226. 引用は、クロード・レヴィ＝ストロース『構造人類学』（荒川幾男、生松敬三、川田順造、佐々木明、田島節夫共訳　みすず書房、一九七二年）、二二六頁から。
(36) Ibid., p.184. 引用は同右、一八四頁。
(37) Ibid., p.198. 引用は同右、一九八頁。
(38) Ibid., p.184. 引用は同右。
(39) Ibid., p.199. 引用は同右、一九九頁。
(40) Ibid., p.218. 引用は同右、二一八頁。
(41) Ibid. 引用は同右。
(42) Ibid., p.220. 引用は同右、二二〇頁。
(43) René F. Marineau, *Jacob Levy Moreno 1889-1974, Father of Psychodrama, Sociometry, and Group Psychotherapy*, Tavistock/Routledge, London and New York 1989, p.8. 引用は、ルネ・F・マリノー『神を演じ続けた男』（増野肇、増野信子訳、白揚社、一九九五年）、三五頁から。
(44) Ibid. 引用は同右三三頁。
(45) Ibid, p.30. 引用は同右八五頁。
(46) J. L. Moreno, *The Essential Moreno*, edited by Jonathan Fox, Springer Publishing Company, New York 1987, p.14
(47) Ibid.

(48) Ibid.
(49) Ibid., p.55
(50) René F. Marineau, *Jacob Levy Moreno 1889-1974*, p.128. 引用は邦訳二七五頁。

第三章

(1) フロイト『シュレーバー症例論』金関猛訳、中央公論新社、二〇一〇年、八四頁。なお、この論文の原題は「自伝的に記述されたパラノイア（妄想性痴呆）の一症例に関する精神分析的考察 (*Psychoanalytische Bemerkungen über einen autobiographisch beschriebenen Fall von Paranoia*)」である。
(2) ジークムント・フロイト『あるヒステリー分析の断片』、六五頁。
(3) 同右。
(4) ウタ・ハーゲン『〝役を生きる〟演技』シカ・マッケンジー訳、フィルムアート社、二〇一〇年、一九頁。
(5) 「役を生きる」という表現は一般に用いられていると思うが、スタニスラフスキーの自伝にすでに見いだされる（『芸術におけるわが生涯（下）』蔵原惟人、江川卓訳、岩波書店、二〇〇八年、二三頁、一七二頁）。また、ハーゲンの著書 (*Respect for Acting*) の日本語訳のタイトルにもなっており、翻訳書二四頁にこの表現がある。
(6) ジーン・ベネディティ『スタニスラフスキー伝　一八六三―一九三八』高山図南雄、高橋英子訳、晶文社、一九九七年、三五一頁。
(7) 同右、三五一頁以下。
(8) 同右、三五一頁。
(9) Lee Strasberg, *A Dream of Passion: The Development of the Mehtod*, Plume, New York 1988, p.94.
(10) Ibid., p.111. これはリボーの以下の箇所からの引用である。Théodule Ribot, *The Psychology of the Emotions*, Scott, New York 1897, p.141.
(11) Strasberg, *A Dream of Passion*, p.111.
(12) スタニスラフスキー『芸術におけるわが生涯（下）』、一六頁。

(13)同右。
(14)Ribot, p.157.
(15)Strasberg, *A Dream of Passion*, p.112.
(16)Ibid., p.103.
(17)Ibid., p.96.
(18)Ibid.
(19)Ibid., p.97.
(20)Ibid.
(21)ハーゲン『〝役を生きる〟演技』、二四頁。
(22)ブロイアーはこの段階で、「精神病」と「神経症」の区別はしていない。

第四章

(1)Peter Brook: *The Empty Space*, Touchstone, New York 1996, p.9.
(2)渡辺守章『舞台芸術論』放送大学教育振興会、一九九六年、二五頁。
(3)D・P・シュレーバー『シュレーバー回想録』尾川浩、金関猛訳、中央公論新社、二〇一五年、一三〇頁。
(4)同右、一三九頁。
(5)ただし、シュレーバーは演劇の対象にはなりうる。『回想録』は、一個の無力な人間が神の奇蹟に痛めつけられながらも神に戦いを挑み、ついに勝利を得るというきわめてドラマティックな構成をもつ。実際、一九九七年には『回想録』のテキストに基づいた一種の朗読劇のCD（Martin Burckhardt, *Die Offenbarung des Daniel Paul Schreber, Ein Hörstück*, Kadmos）が発表されている。しかし、シュレーバー自身にとって演劇的状況は存在しない。
(6)カーチャ・マン『夫トーマス・マンの思い出』山口知三訳、筑摩書房、一九七五年、一九〇頁。カーチャはブレヒトの作品を読んだトーマス・マンの感想として、本文中の言葉を伝えている。
(7)Bertolt Brecht, *Kritik der 》Poetik《 des Aristoteles*. In: *Gesammelte Werke in acht Bänden*, Suhrkamp Verlag, Frankfurt am

Main 1967, Bd.7, S.240.

(8) Ebd.

(9) Ebd.

(10) Bertolt Brecht, *Zu »Aufstieg und Fall der Stadt Mahagonny«*. In: *Gesammelte Werke*, Bd.7, S.1009.

(11) Ebd.

(12) Ebd., S.342.

(13) Bertolt Brecht, *Verfremdungseffekte in der chinesischen Schauspielkunst*. In: *Gesammelte Werke*, Bd.7, S.622.

(14) Bertolt Brecht, *Kurze Beschreibung einer neuen Technik der Schauspielkunst, die einen Verfremdungseffekt hervorbringt*. In: *Gesammelte Werke*, Bd.7, S.341.

(15) Ebd.

(16) Ebd.

(17) Roland Barthes, *Leçon d'écriture*. In: *Tel Quel*, 34, été 1968, p.31. 訳文は、ロラン・バルト『物語の構造分析』花輪光訳、みすず書房、一九七九年、一三四頁。

(18) Ibid. 邦訳、一三三頁。

(19) Ibid., p.30. 邦訳、一三〇頁。

(20) Bertolt Brecht, *Vergnügungstheater oder Lehrtheater?* In: *Gesammelte Werke*, Bd.7, S.267.

(21) Lee Strasberg, *A Dream of Passion*, p.195.

(22) Ibid., p.189. ブレヒトの原文は Bertolt Brecht, *Aus einem Brief an einen Schauspieler*. In: *Gesammelte Werke*, Bd.7, S.729f. ただし、ストラスバーグの引用では「2＋2＝5」、ブレヒトの原文では、「2×2＝5」となっている。

(23) Ibid., p.195.

(24) 森島章仁『アントナン・アルトーと精神分裂病―存在のブラックホールに向かって』関西学院大学出版会、一九九九年、五九頁。宇野邦一『アルトー―思考と身体』、一九九七年、白水社、一四頁。

(25) Antonin Artaud, *Le théâtre et son double*, Gallimard, 1964, p.88. 訳文は、『アントナン・アルトー著作集Ⅰ、演劇とその分身』（安堂信也訳、白水社、一九九六年）、九二頁から。

(26) Ibid. 邦訳、同右。
(27) Ibid., p.89. 邦訳、九三頁。
(28) Ibid., p.85. 邦訳、八九頁。
(29) Ibid., pp.87. 邦訳、九二頁。
(30) Friedrich Nietzsche, *Also sprach Zarathustra*. In: *KSA*, Bd.4, S.39.
(31) Antonin Artaud, *Le théâtre et son double*. p.89. 邦訳、九三頁。
(32) Ibid., p.91. 邦訳、九六頁。
(33) Ibid., p.102. 邦訳、一〇八頁。
(34) Ibid. 邦訳、同右。
(35) Ibid., p.103. 邦訳、一〇九頁。
(36) Jerzy Grotowski, *Towards a Poor Theatre*, Methuen, 1996, p.89. 訳文は、イェジュイ・グロトフスキ『実験演劇論―持たざる演劇をめざして』(大島勉訳、テアトロ、一九七一年)、一三一頁から。
(37) Ibid., p.88. 邦訳、同右。
(38) Antonin Artaud, *Le théâtre et son double*, p.99. 邦訳、一〇四～一〇五頁。
(39) Ibid., p.148. 邦訳、一五七頁。
(40) Ibid., p.143. 邦訳、一五一頁。
(41) Ibid., p.140. 邦訳、一四八頁。
(42) D・P・シュレーバー『シュレーバー回想録』、三二頁。
(43) ユング宛の一九一〇年一〇月一日付の手紙(Sigmund Freud, Carl Gustav Jung, *Briefwechsel*, S.396)。
(44) D・P・シュレーバー『シュレーバー回想録』、七四頁。
(45) 同右、一九八頁。
(46) 同右、一九九頁以下。
(47) Antonin Artaud, *To Have Done with the Judgement of God*. In: Antonin Artaud, *Selected Writings*, University of California Press, Berkeley 1988, p.571.

(48) D・P・シュレーバー『シュレーバー回想録』、三三〇頁。
(49) Antonin Artaud, *Le théâtre et son double*, p.140. 邦訳、一四八頁。
(50) Ibid., p.158. 邦訳、一六六頁。
(51) Jerzy Grotowski, *Towards a Poor Theatre*, p.86. 邦訳、一二七頁。
(52) Lee Strasberg, *A Dream of Passion*, p.177.
(53) たとえば、ドゥルーズ（Gilles Deleuze 1925-1995）の思想において、アルトーは大きな役割を演じている。これに関連して一言述べておきたい。フロイト精神分析を批判する立場に立つドゥルーズは、分裂病者（統合失調症者）としてのアルトーに、オイディプス的、神経症的人間に対置された新たな人間性の可能性を見いだそうとしている。

分裂病について、フロイトは『シュレーバー症例論』のなかで次のように書いている（フロイトはクレペリン（Emil Kraepelin, 1856-1926）に由来する術語「早発性痴呆」を用いているが、ここではこれを分裂病と言い換える）。

［分裂病の場合］誇大妄想として現れるナルシシズムにはとどまらず、さらに、完全な対象愛の廃棄と幼児的自体性愛にまで進行する。病的素因としての固着はパラノイアの場合よりも、さらにさかのぼったところ、つまり、自体性愛から対象愛を志向しようとする発達の起点のところにあるにちがいない。（フロイト『シュレーバー症例論』、一三八頁）

フロイトは、パラノイアをナルシシズムへの退行と定義するのに対し、分裂病の退行はさらにその前の段階、「幼児的自体愛」にまで進行すると考える。それゆえ、フロイトは、分裂病の「帰結は、パラノイアの帰結より深刻である」（同右）とも書く。自体愛は対象としての自我が確立されない段階、「私」を知らない段階である。たとえば、すでに狂気の内にあったニーチェは、ブルクハルト（Jacob Burckhardt 1818-1897）に宛てた最後の手紙で、「ほんとうのところ歴史上のすべての名前は私です」（一八八九年一月六日付）と書くが、こうした言葉は自体愛への退行を表現するものであろう。自我をいったん知った者がその解体状況にまで退行し、その状況を言葉で表現しようとするなら、それは、自我の分裂としてしか、つまり、「私は歴史上のすべての人間である」というふうにしか表現できないだろう。

ドゥルーズ／ガタリはアルトーを引き合いに出しながら次のように書く。

「私、アントナン・アルトー、この私は私の息子であり、私の父であり、私の母であり、そして私である」。分裂者は、自分自身の独自の位置を決定する種々の様式を意のままに用いる。なぜなら、かれは、何よりも、自分自身に特有な登録コードを自由に操作するものであるからである。（ジル・ドゥルーズ、フェリックス・ガタリ『アンチ・オイディプス』、市倉宏祐訳、河出書房新社、一九八六年、二八頁）

こうした主張は、分裂病を自体愛への退行と位置づけるフロイトの図式から一歩も出ていないように思える。筆者が『アンチ・オイディプス』から得た印象は、フロイトの図式を認めておきながら、その価値評価だけを反転させたにすぎないのではないかというものであった。

筆者は『アンチ・オイディプス』の全貌を正確に理解できたわけではない。以上、メモとして書き留めておく。

第五章

(1) Friedrich Nietzsche, *Die Geburt der Tragödie*. In: *KSA*, Bd.1, S.26.

(2) Ebd.

(3) Friedrich Nietzsche, *Nachgelassene Fragmente, Herbst 1869 bis Ende 1874*. In: *KSA*, Bd.7, S.361.

(4) オスカー・ワイルド『ドリアン・グレイの肖像』藤川義之訳、岩波書店、二〇一九年、一一〇頁。

(5) 高津春繁「解題」（呉茂一、高津春繁、田中美知太郎、松平千秋編集『ギリシア悲劇全集』第二巻、人文書院、一九六〇年）、二二四頁。

(6) ソポクレス『オイディプス王』高津春繁訳、『ギリシア悲劇全集』第二巻、二二八頁。

(7) Sigmund Freud, *Die Traumdeutung*, Franz Deuticke, Wien 1900, S.181.

(8) たとえば、夢にはその前日の出来事が現れるが、フロイトはこれを「日中残余（Tagesreste）」と呼ぶ。これはフロイトが『夢解釈』のなかで展開する夢の理論においてきわめて重要な用語である。このような「痕跡」、「残余」といった用語の由来を辿ると一般には精神分析以前の著作とされる『失語把握のために』にまで行き着く。ここでは、発語能力を失ってしまった失語患者が、なお一、二の語を発することができるという現象が注目され、それらの「最後の言葉」が「言語残余（Sprachreste）」と呼ばれている。フロイトは、これを強烈なショックを受けて、発語能力をなくした患者が、その衝撃の際、最後に発した言葉が後に残ったものとして説明する。『夢解釈』で心の構造を解明しようとする際には「想起痕跡（Erinnerungsspur）」が重要な役割を果たす。また、ミケランジェロのモーセ像という芸術作品を考察する際にも、フロイトが注目するのは「過ぎ去った運動」の「痕跡」(GW.10.192) であり、その「残余」(GW.10.194) であった。

(9) オイディプスの伝説は、そもそもその父ライオスの物語から始まる。そして、伝説によれば、オイディプスの呪われた運命を決定づけたのは、ライオスの過ちである。しかし、フロイトは父の過ちには言及していない。もちろん知らなかったはずはなく、あえて沈黙しているのである。そこにはフロイト自身の父との葛藤を見いだすこともできる。

(10) サラ・コフマン『芸術の幼年期』赤羽研三訳、水声社、一九九四年、四三頁。

(11) Gustav Theodor Fechner, *Elemente der Psychophysik, zweiter Teil*, Breikopf und Hartel, Leipzig 1860, S.520

(12) フロイトの「快原理(快不快原理)」、「恒常原理」、「反復原理」という術語、また心的エネルギー、心的局所論という概念はフェヒナーに由来する。エレンベルガーは、「精神分析の理論的枠組みの大部分は、フロイトが『偉大なフェヒナー』と呼んだ男の思弁なしにはまず成立しなかったのではないだろうか」(Henri F. Ellenberger, *Die Entdeckung des Unbewußten*, Bd.1, Verlag Hans Huber, Bern, Stuttgart, Wien 1973, S.309.)と述べている。

(13) Gustav Theodor Fechner, *Elemente der Psychophysik, zweiter Teil*, S.522.

(14) Ebd.

(15) Heinrich Spitta, *Schlaf- und Traumzustände der menschlichen Seele*, Franz Fues, Tübingen 1878, S.168.

(16) Ebd., S.168f.

(17) アリストテレスは「夢について(*Über Träume*)」で「人が眠っているとき、何者かにその意識中で『おまえの前に現れているのは、ただの夢だ!』と言われることがある」(Aristoteles, *Kleine naturwissenschaftliche Schriften*, Reclam, Stuttgart 1997, S.127)と述べている。

(18) Friedrich Nietzsche, *Die Geburt der Tragödie*. In: *KSA*, Bd.1, S.26.

(19) Ebd., S.27.

第六章

(1) Sigmund Freud, *Briefe an Wilhelm Fließ 1887-1904*, S.294.
(2) 引用箇所の原文は、次の斜体字の部分。"Von noch größerem theoretischen Interesse sind aber eine Reihe von *Hilfstechniken des Witzes*, welche offenbar der Absicht dienen, *die Aufmerksamkeit des Hörers überhaupt vom Witzvorgang abzuziehen, den letzteren automatisch verlaufen zu lassen*". これに対して、「精神病質の登場人物」からの引用の原文は、"so daß sich der Vorgang im Hörer wieder mit abgewandter Aufmerksamkeit vollzieht".
(3) Hermann Bahr, *Die Andere*, S. Fischer Verlag, Berlin 1906, S.28.
(4) Ebd.
(5) Hermann Bahr, *Die Andere*, S.28.
(6) ブロイアーはこう述べている。
　咳が始まったのは、［父の］看病の最中に隣家からダンス音楽が聞こえてきたときのことである。そこに行きたいという欲望が彼女の内で沸き上がるのと同時に、自責の念が喚び覚まされた。(SH.54)
(7) Hermann Bahr, *Die Andere*, S.70.
(8) Ebd., S.59.
(9) Hermann Bahr, *Die Andere*, S.114.
(10) 第三章注(22)の指摘のとおり、ブロイアーはこの段階で、「精神病」と「神経症」の区別はしていない。
(11) Hermann Bahr, *Tagebuch*, S.65.
(12) F., *"Die Andere"*. In: *Reichspost*, 28. 11. 1905.
(13) Sigmund Freud, *Briefe 1873-1939*, S.266.
(14) Ebd.
(15) Ebd., S.357.
(16) Ebd.
(17) Arthur Schnitzler, *Tagebuch 1920-1922*, Verlag der Österreichschen Akademie der Wissenschaften, Wien 1993, S.318.

(18) Ebd., S.319.

(19) *Wiener Medizinische Presse*, Bd.27（1886）および *Internationale Klinische Rundschau*, Bd.1（1887）所収。

(20) アルトゥール・シュニッツラー『ウィーンの青春—ある自伝的回想』田尻三千夫訳、みすず書房、一九八九年、三〇三頁。

(21) Arthur Schnitzler, *Über Funktionelle Aphonie und Deren Behandlung Durch Hypnose und Suggestion*. In: *Internationale klinische Rundschau*, 1889.

(22) アルトゥール・シュニッツラー『ウィーンの青春』、三〇三頁。

(23) Sigmund Freud, *Briefe 1873-1939*, S.357.

(24) アルトゥール・シュニッツラー『ウィーンの青春』、八六頁。

(25) Arthur Schnitzler, *Der grüne Kakadu. Paracelsus. Die Gefährtin*, S.12.

(26) Ebd., S.3.

(27) Ebd., S.21.

(28) Ebd., S.42.

(29) Ebd., S.39.

(30) Ebd., S.29.

(31) Ebd.

(32) Ebd., S.52.

(33) Ebd., S.53.

(34) Ebd.

(35) Ebd., S.39.

(36) Ebd., S.23.

(37) Hermann Bahr, *Die Andere*, S.136.

(38) Ebd., S.137.

(39) Arthur Schnitzler, *Der grüne Kakadu. Paracelsus. Die Gefährtin*, S.7.

(40) Ebd., S.55.

(41) Ebd., S.56.

(42) Arthur Schnitzler, *Briefe 1913-1931*, S. Fischer Verlag, Frankfurt am Main 1984, S.35.

(43) 森鷗外「短剣を持ちたる女」『鷗外全集』第三巻、岩波書店、一九七二年、三四三頁。

第七章

(1) フリッツ・マルティーニ『ドイツ文学史』高木実、尾崎盛景、棗田光行、山田広明訳、三修社、一九七九年、一八三頁。

(2) Sigmund Freud, *Briefe 1873-1939*, S. 357.

(3) Georg Groddeck, *Das Buch vom Es*, Stroemfeld Verlag, Frankfurt am Main 2004, S. 10.

(4) S・フロイト『失語論』、一〇四頁以下。

(5) これに関しては第五章、注(8)参照。

(6) Arthur Schnitzler, *Der grüne Kakadu. Paracelsus. Die Gefährtin*, S. 56.

シュニッツラー、アルトゥール：『ウィーンの青春―ある自伝的回想』田尻三千夫訳、みすず書房、1989 年。

シュレーバー、D・P：『シュレーバー回想録』尾川浩、金関猛訳、中央公論新社、2015 年。

スタニスラフスキー：『芸術におけるわが生涯（上・中・下）』蔵原惟人、江川卓訳、岩波書店、2008 年。

ドゥルーズ、ジル／ガタリ、フェリックス：『アンチ・オイディプス』市倉宏祐訳、河出書房新社、1986 年。

ハーゲン、ウタ：『“役を生きる”演技』シカ・マッケンジー訳、フィルムアート社、2010 年。

バルト、ロラン：『物語の構造分析』花輪光訳、みすず書房、1979 年。

ブロイアー／フロイト：『ヒステリー研究〈初版〉』金関猛訳、中央公論新社、2013 年。

フロイト、S：『失語論』金関猛訳、平凡社、1995 年。

フロイト、ジークムント：『あるヒステリー分析の断片―ドーラの症例』金関猛訳、筑摩書房、2006 年。

フロイト：『夢解釈〈初版〉（上・下）』金関猛訳、中央公論新社、2012 年。

フロイト：『シュレーバー症例論』金関猛訳、中央公論新社、2010 年。

ベネディティ、ジーン：『スタニスラフスキー伝一八六三―一九三八』高山図南雄、高橋英子訳、晶文社、1997 年。

マルティーニ、フリッツ：『ドイツ文学史』高木実、尾崎盛景、棗田光行、山田広明訳、三修社、1979 年。

マン、カーチャ：『夫トーマス・マンの思い出』山口知三訳、筑摩書房、1975 年。

森鷗外：「短劍を持ちたる女」『鷗外全集』第三巻、岩波書店、1972 年所収。

森島章仁：『アントナン・アルトーと精神分裂病―存在のブラックホールに向かって』関西学院大学出版会、1999 年。

レヴィ＝ストロース、クロード：『構造人類学』荒川幾男、生松敬三、川田順造、佐々木明、田島節夫共訳、みすず書房、1972 年。

ワイルド、オスカー：『ドリアン・グレイの肖像』藤川義之訳、岩波書店、2019 年
渡辺守章：『舞台芸術論』放送大学教育振興会、1996 年。

Verlag, München 1973.
Lévi-Strauss, Claude: *Anthropologie structurale*, Plon, 1996.
Marineau, René F.: *Jacob Levy Moreno 1889-1974, Father of psychodrama, sociometry, and group psychotherapy*, Tavistock/Routledge, London and New York 1989.
Nietzsche, Friedrich: *Sämtliche Werke. Kritische Studienausgabe in 15 Bänden*, de Gruyter, Berlin 1980.
Nietzsche, Friedrich: *Sämtliche Briefe, Kritsche Studienausgabe in 8 Bänden*, de Gruyter, Berlin 1986.
Ribot, Théodule: *The Psychology of the Emotions*, Scott, New York 1897.
Sachs, Hanns: *Freud. Master and Friend*, Harvard University Press, Massachusetts 1946.
Schnitzler, Arthur: *Briefe 1913-1931*, S. Fischer Verlag, Frankfurt am Main 1984.
Schnitzler, Arthur: *Der grüne Kakadu. Paracelsus. Die Gefährtin: Drei Einakter*, S. Fischer Verlag, Berlin 1905.
Schnitzler, Arthur: *Tagebuch 1920-1922*, Verlag der Österreichschen Akademie der Wissenschaften, Wien 1993.
Schnitzler, Arthur: *Über Funktionelle Aphonie und Deren Behandlung Durch Hypnose und Suggestion*. In: *Internationale klinische Rundschau*, 1889.
Spitta, Heinrich: *Schlaf- und Traumzustände der menschlichen Seele*, Franz Fues, Tübingen 1878.
Strasberg, Lee: *A Dream of Passion: The Development of the Mehtod*, Plume, New York 1988.
Wagner, Cosima: *Die Briefe Cosima Wagners an Friedrich Nietzsche*, Gesellschaft der Freunde des Nietzsche Archivs, Waimar 1940.
Worbs, Michael: *Nervenkunst*, Europäische Verlagsanstalt, Frankfurt am Main 1983.
Wunberg, Gotthart (hrsg.): *Das junge Wien*, Max Niemeyer Verlag, Tübingen 1976.
アルトー、アントナン：『アントナン・アルトー著作集』白水社、1996-98 年。
宇野邦一：『アルトー―思考と身体』白水社、1997 年。
呉茂一、高津春繁、田中美知太郎、松平千秋編集：『ギリシア悲劇全集』人文書院、1960 年。
グロトフスキ、イェジュイ：『実験演劇論―持たざる演劇をめざして』大島勉訳、テアトロ、1971 年。
コフマン、サラ：『芸術の幼年期』赤羽研三訳、水声社、1994 年。

Freud, Sigmund: *Briefe 1873-1939*, S. Fischer Verlag, Frankfurt am Main 1960.

Freud, Sigmund: *Briefe an Wilhelm Fließ 1887-1904*, S. Fischer Verlag, Frankfurt am Main 1986.

Freud, Sigmund: *Die Traumdeutung*, Franz Deuticke, Leibzig und Wien 1900.

Freud, Sigmund: *Gesammelte Werke*, Fischer Taschenbuch Verlag, Frankfurt am Main 1999.

Freud, Sigmund; Bernays, Martha: *Brautbriefe*, Bd. 1-4, S. Fischer Verlag, Frankfurt am Main 2011-19.

Freud, Sigmund; Ferenczi, Sándor: *Briefwechsel*, 1/1, Böhlau Verlag, Wien 1993.

Freud, Sigmund; Jung, Carl Gustav: *Briefwechsel*, S. Fischer Verlag, Frankfurt am Main 1974.

Gay, Peter: *Freud. Eine Biographie für unsere Zeit*, S. Fischer Verlag, Frankfurt am Main 1989.

Goethe, Johann Wolfgang: *Nachlese zu Aristoteles' Poetik*. In: *Sämtliche Werke nach Epochen seines Schaffens*, Bd.13, Carl Hanser Verlag, München 1992-93.

Gomperz, Theodor: *Jacob Bernays (1824-1881)*. In: Theodor Gomperz, *Essays und Erinnerungen*, Deutsche Verlags-Anstalt, Stuttgart 1905.

Graf, Max: *Jede Stunde war erfüllt. Ein halbes Jahrhundert Musik- und Theaterleben*, Forum Verlag, Wien 1957.

Graf, Max: *Reminiscences of Professor Sigmund Freud*. In: *Psychoanalytic Quarterly*, vol.11, 1942.

Groddeck, Georg: *Das Buch vom Es*, Stroemfeld Verlag, Frankfurt am Main 2004.

Grotowski, Jerzy: *Towards a Poor Theatre*, Methuen, London 1996.

Grubrich-Simitis, Ilse: *Urbuch der Psychoanalyse. Hundert Jahre »Studien über Hysterie« von Josef Breuer und Sigmund Freud*. In: *Psyche* 49, 1995.

Gründer, Karlfried: *Einleitung*. In: Bernays, Jacob: *Grundzüge der verlorenen Abhandlung des Aristoteles über Wirkung der Tragödie*, Georg Olms, Hildesheim 1970.

Hofmannsthal, Hugo von: *König Ödipus, Tragödie von Sophokles, neu übersetzt*. In: *Dramen 2*, S. Fischer Verlag, Frankfurt am Main 1966.

Jones, Ernest: *Sigmund Freud. Life and Work*, vol.1-3, The Hogarth Press, London 1953-57.

Lessing, Gotthold Ephraim: *Hamburgische Dramaturgie*. In: *Werke*, Bd.4, Carl Hanser

金関 猛（かなせき・たけし）
1954年　京都生まれ。
1981年　京都大学大学院修士課程修了（ドイツ語ドイツ文学）。
1981年から岡山大学に勤務。
現在　岡山大学大学院社会文化科学研究科教授。博士（文学）。
著書『能と精神分析』平凡社、1999年。
『岡山の能・狂言』日本文教出版株式会社、2001年。
『ウィーン大学生フロイト―精神分析の始点』中央公論新社、2015年。
主要訳書
S．フロイト『失語論』平凡社、1995年。
ジークムント・フロイト『あるヒステリー分析の断片』筑摩書房、2006年。
フロイト『シュレーバー症例論』中央公論新社、2010年。
フロイト『夢解釈〈初版〉（上・下）』中央公論新社、2012年。
ブロイアー／フロイト『ヒステリー研究〈初版〉』中央公論新社、2013年。
D．P．シュレーバー『シュレーバー回想録』（共訳）中央公論新社、2015年。

フロイトと心の劇場

2020年3月1日　初版第1刷発行

著　者　金関 猛

発行者　槇野 博史

発行所　岡山大学出版会
〒700-8530　岡山県岡山市北区津島中3-1-1
TEL 086-251-7306　FAX 086-251-7314
http://www.lib.okayama-u.ac.jp/up/

印刷・製本　研精堂印刷株式会社

ISBN 978-4-904228-64-7　C3011

参考文献

Aristoteles: *Kleine naturwissenschaftliche Schriften*, Reclam, Stuttgart 1997.

Artaud, Antonin: *Le théâtre et son double*, Gallimard, 1964.

Artaud, Antonin: *Selected Writings*, University of California Press, Berkeley 1988.

Bahr, Hermann: *Die Andere*, S. Fischer Verlag, Berlin 1906.

Bahr, Hermann: *Die Überwindung des Naturalismus. Als zweite Reihe von "Zur Kritik der Moderne"*, E. Piersons Verlag, Dresden und Leipzig 1891.

Bahr, Hermann: *Tagebuch*, Paul Cassirers Verlag, Berlin 1909.

Bahr, Hermann: *Tagebücher, Skizzenbücher, Notizhefte*, Bd.1-3, Böhlau Verlag, Wien 1994-97.

Barthes, Roland: *Leçon d'écriture*, In: *Tel Quel*, 34, été 1968.

Bernays, Jacob: *Zwei Abhandlungen über die aristotelische Theorie des Drama*, Wissenschaftliche Buchgesellschaft, Darmstadt 1968.

Brecht, Bertolt: *Gesammelte Werke in acht Bänden*, Suhrkamp Verlag, Frankfurt am Main 1967.

Breuer, Josef; Freud, Sigmund: *Studien über Hysterie*, Franz Deuticke, Leipzig und Wien 1895.

Brook, Peter: *The Empty Space*, Touchstone, New York 1996.

Burckhardt, Martin: *Die Offenbarung des Daniel Paul Schreber, Ein Hörstück*, Kadmos, Berlin 1997.

Clark, Ronald W.: *Sigmund Freud*, S. Fischer Verlag, Frankfurt am Main 1981.

Crescenti, Luca: *Philologie und deutsche Klassik*. In: Borsche, Tilman; Gerratana, Federico; Venturelli, Aldo: *Centauren-Geburten*, de Gruyter, Berlin 1994.

Ellenberger, Henri F.: *Die Entdeckung des Unbewußten*, Bd.1-2, Hans Huber, Bern 1973.

F.: *"Die Andere"*. In: *Reichspost*, 28. 11. 1905.（劇評）

Fechner, Gustav Theodor: *Elemente der Psychophysik, zweiter Teil*, Breikopf und Hartel, Leipzig 1860.

Fox, Jonathan (ed.): *The Essential Moreno*, Springer Publishing Company, New York 1987.

Freud, Sigmund: *Brautbriefe. Briefe an Martha Bernays aus den Jahren 1882-1886*, Fischer Taschenbuch Verlag, Frankfurt am Main 1988.